LUCAS NAVARRO

Dinheiro Sem Medo

O guia prático para o brasileiro começar a investir do zero, construir patrimônio com segurança e alcançar a verdadeira liberdade financeira.

First edition

This book was professionally typeset on Reedsy.
Find out more at reedsy.com

Contents

Introdução 0: A Mudança de Mentalidade

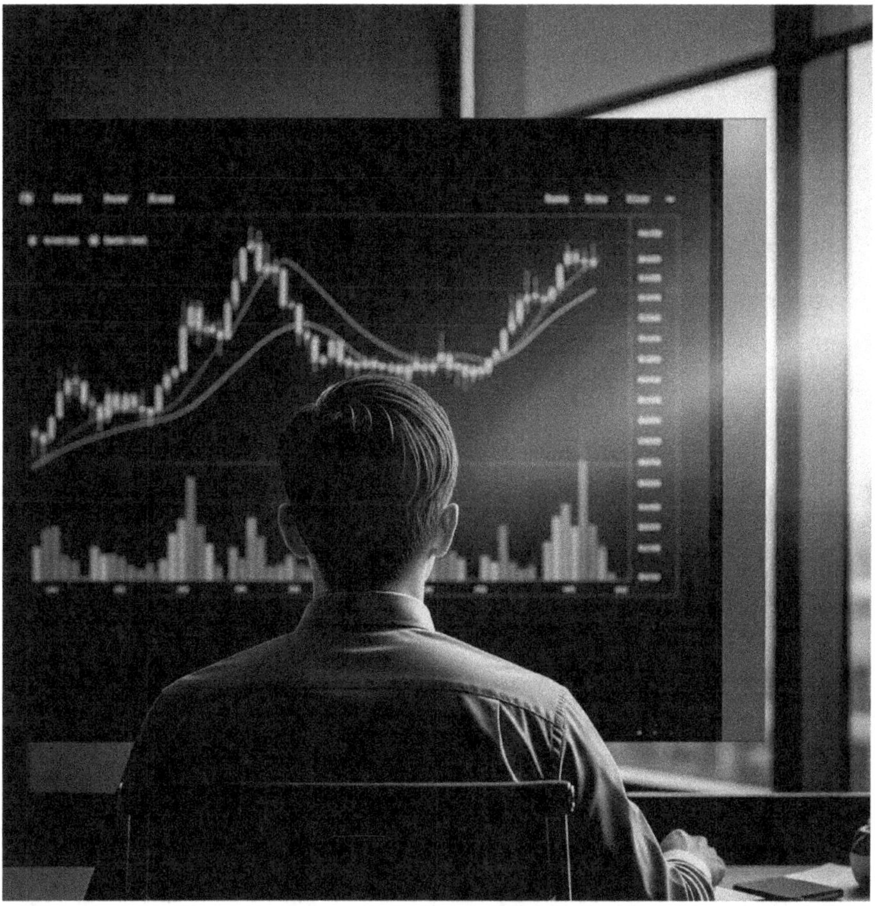

Você já sentiu que corre o mês inteiro, trabalha arduamente, paga os boletos e, no final, parece que está no mesmo lugar? É como estar em uma esteira de academia: muito suor, muito esforço, mas nenhum deslocamento real. Se essa sensação é familiar, saiba que você não está sozinho. A grande maioria dos brasileiros vive exatamente assim. Mas a boa notícia é que existe um botão de "desligar" para essa esteira. E ele começa não no seu bolso, mas na sua mente.

Bem-vindo à sua jornada de transformação. Antes de falarmos sobre onde investir, precisamos falar sobre quem você é e como você pensa.

0.1 O Mito do "Dinheiro Sobra": Por Que Começar Hoje

Existe uma frase que eu ouço quase todos os dias, dita por pessoas inteligentes, trabalhadoras e bem-intencionadas:

"Eu vou começar a investir quando sobrar dinheiro."

Talvez você já tenha dito isso para si mesmo. Parece lógico, não é? Primeiro pagamos as obrigações, depois vivemos, e o que restar, guardamos para o futuro. O problema é que essa lógica contém uma armadilha fatal, um erro de cálculo que mantém milhões de pessoas presas na corrida dos ratos para sempre

A verdade brutal é: **o dinheiro nunca sobra.**

Existe um princípio comportamental conhecido como a Lei de Parkinson, que se aplica perfeitamente às finanças pessoais: "As despesas expandem-se até ocupar toda a renda disponível". Pense no seu primeiro salário. Provavelmente era muito menor do que o que você ganha hoje. Naquela época, você se virava com aquele valor. Hoje, ganhando mais, você continua gastando tudo. O que aconteceu? Você não apenas cobriu a inflação; você elevou seu padrão de vida. O carro ficou melhor, o plano de celular ficou mais caro, os jantares fora de casa tornaram-se mais frequentes.

Esperar o dinheiro sobrar é esperar por um dia que nunca chegará, porque a nossa natureza humana sempre encontrará um destino "urgente" para qualquer saldo positivo na conta corrente.

Vamos conhecer dois personagens que nos acompanharão nesta jornada: o Beto e a Ana.

O **Beto** é o cara do "quando sobrar". Ele ganha bem, tem um bom emprego, mas todo mês ele diz que o orçamento apertou por causa de um imprevisto (o carro quebrou, o aniversário da tia, a promoção de sapatos). Ele acredita sinceramente que no próximo mês será diferente. Mas, aos 35 anos, Beto tem zero reais investidos e uma angústia crescente sobre o futuro.

A **Ana**, por outro lado, entendeu o segredo. Ela não ganha mais que o Beto. Na verdade, ela ganha um pouco menos. Mas assim que o salário cai na conta, a primeira coisa que Ana faz não é pagar a conta de luz ou o aluguel. A primeira coisa que ela faz é transferir 10% para sua conta de investimentos. Ela **se paga primeiro**. Depois, ela ajusta a vida dela para caber nos 90% restantes.

A mágica acontece aqui: Ana sente a mesma "falta" de dinheiro que Beto no final do mês, mas com uma diferença crucial — ela está construindo patrimônio, e ele não.

Por que você deve começar hoje, mesmo que seja com R$ 50,00? Porque o hábito é mais importante que o valor. Se você não consegue gerenciar R$ 1.000, não conseguirá gerenciar R$ 10.000 ou R$ 1 milhão. Investir não é um ato de riqueza; é um ato de disciplina.

Além disso, temos um inimigo invisível e silencioso chamado **Inflação**. O dinheiro que fica parado na sua conta corrente ou embaixo do colchão não está "seguro". Ele está, literalmente, evaporando. A cada dia que passa, seu poder de compra diminui. O café que custava R$ 2,00 hoje custa R$ 5,00. Se você não investe, você está empobrecendo automaticamente.

Começar hoje é uma declaração de independência. É dizer para si mesmo que o seu "eu do futuro" é tão importante quanto o seu "eu do presente". Quebrar o mito de que o dinheiro precisa sobrar é o primeiro passo para sair da posição de vítima das circunstâncias econômicas e assumir o controle do seu destino. Não espere a sobra. Crie a sobra.

0.2 Investidor vs. Especulador: Definindo Sua Identidade

Quando você ouve a palavra "investidor", qual imagem vem à sua mente?

Para muitos, a imagem é de um homem de terno, gritando ao telefone em um escritório movimentado de Wall Street, olhando para seis monitores com gráficos piscando, comprando e vendendo ações freneticamente. Essa imagem, popularizada por filmes de Hollywood, não representa um investidor. Ela representa um **especulador**.

É crucial, agora, neste exato momento, que você defina de que lado do muro você quer estar.

O **Especulador** busca o lucro rápido. Ele trata o mercado financeiro como um grande cassino. Ele está sempre em busca da "dica quente", da criptomoeda que vai subir 1.000% em uma semana, ou da ação que vai explodir amanhã. O especulador vive de adrenalina. Quando ele ganha, ele se sente um gênio; quando perde (e ele frequentemente perde tudo), ele culpa o mercado, o governo ou a má sorte. O foco dele é o preço de curto prazo.

O **Investidor**, que é o que eu quero que você se torne, é como um jardineiro. Ele planta sementes (dinheiro) em solo fértil (bons ativos), rega com constância (aportes mensais) e, o mais importante: ele tem a paciência de esperar a árvore crescer. O investidor não fica desenterrando a semente todo dia para ver se já virou árvore. Ele confia no processo. O foco dele é o valor de longo prazo.

História de Sucesso: O Efeito da Paciência

Deixe-me contar sobre Luiz Barsi, um dos maiores investidores individuais da história do Brasil. Ele não nasceu herdeiro. Começou a trabalhar cedo, foi engraxate. Ele não tentou ficar rico da noite para o dia com apostas arriscadas. Em vez disso, ele passou décadas comprando ações de boas empresas, focando em receber dividendos (parte do lucro das empresas), e reinvestindo esses lucros. Ele ignorou as crises, as mudanças de moeda e os governos. Hoje, ele é bilionário, não por "sorte", mas por consistência. Barsi agiu como sócio, não como apostador.

Ser um investidor é muito mais entediante do que ser um especulador — e isso é ótimo. O bom investimento deve ser entediante, como ver a tinta secar ou a grama crescer. Se você quer emoção, vá pular de paraquedas. Se você quer liberdade financeira, seja chato e constante.

Neste livro, nós vamos focar na construção de patrimônio sólida. Vamos fugir das promessas de dinheiro fácil. Vamos transformar você em alguém que dorme tranquilo à noite, sabendo que seu dinheiro está trabalhando para você, e não alguém que acorda suando frio preocupado com a cotação do dólar.

Ao assumir a identidade de investidor, você muda sua postura diante do consumo. Você para de ver o dinheiro apenas como um meio de comprar coisas e começa a vê-lo como um "funcionário". Cada real que você investe é um operário que trabalhará 24 horas por dia, sem férias, sem pedir aumento, para gerar mais dinheiro para você. O especulador quer matar a galinha para comer a carne hoje. O investidor quer cuidar da galinha para comer ovos pelo resto da vida. Quem você vai ser?

0.3 A Magia dos Juros Compostos Explicada Simplesmente

Albert Einstein supostamente disse que "os juros compostos são a oitava maravilha do mundo. Aquele que entende, ganha; aquele que não entende, paga". Seja a autoria da frase real ou não, a matemática por trás dela é inegável e é a força mais poderosa do universo financeiro a seu favor.

Mas o que são, afinal, esses tais juros compostos? Vamos esquecer as fórmulas complexas de matemática financeira por um minuto e usar uma analogia simples: a **Bola de Neve**.

Imagine que você está no topo de uma montanha coberta de neve. Você faz uma pequena bola de neve com as mãos — esse é o seu capital inicial, o primeiro dinheiro que você investe. Então, você rola essa bola montanha abaixo. No começo, ela cresce devagar. Ela pega um pouco mais de neve a cada volta. Mas, conforme ela desce e fica maior, a superfície de contato aumenta. Agora, em cada volta, ela coleta muito mais neve do que na volta anterior. Em pouco tempo, aquela bolinha que cabia na sua mão virou uma avalanche capaz de derrubar árvores.

Isso é o juro composto: **juros sobre juros**.

Vamos aos números para visualizar isso na prática. Suponha que você invista R$ 1.000,00 com um rendimento de 10% ao ano.

- **Ano 1:** Você ganha R$ 100,00 de juros. Agora você tem **R$ 1.100,00**.
- **Ano 2:** Aqui está a mágica. Os 10% agora não incidem mais sobre os R$ 1.000 iniciais, mas sobre os R$ 1.100. Você ganha R$ 110,00. Total: **R$ 1.210,00**.
- **Ano 3:** Os 10% incidem sobre R$ 1.210. Você ganha R$ 121,00.

Parece pouco? Vamos esticar o prazo. É aqui que nossa mente humana linear falha em compreender a curva exponencial.

Se a nossa amiga Ana investir **R$ 500,00 por mês** durante 30 anos, a uma taxa média realista de 10% ao ano:

- Ela terá tirado do próprio bolso: **R$ 180.000,00**.
- O valor total acumulado será de aproximadamente: **R$ 1.130.000,00**.

Percebeu? Quase **R$ 1 milhão** veio "do nada". Veio dos juros trabalhando sobre os juros. O dinheiro trabalhou muito mais do que a Ana.

Agora, voltemos ao Beto. Digamos que o Beto decidiu esperar. Ele começou 10 anos depois da Ana. Ele investiu o mesmo valor mensal (R$ 500) pela mesma taxa, mas por 20 anos em vez de 30.

- Beto tirou do bolso: **R$ 120.000,00**.
- Beto acumulou: **R$ 380.000,00**.

A diferença é brutal. Ana tem quase três vezes mais dinheiro que Beto, apesar de ter investido apenas por 10 anos a mais.

Isso nos ensina a lição mais valiosa deste capítulo: **O tempo é mais importante que o dinheiro.**

Você não precisa ser rico para começar. Você precisa de tempo. Os juros compostos recompensam a paciência e a consistência, não necessariamente a quantia inicial. É como plantar uma árvore: o melhor momento para ter plantado foi há 20 anos. O segundo melhor momento é **hoje**.

Muitas pessoas desanimam no começo porque a curva dos juros compostos é lenta nos primeiros anos. É a "fase do esforço", onde você aporta mais do que recebe de rendimento. Mas se você persistir, chegará o ponto de virada, onde seus rendimentos mensais superam o valor que você consegue economizar do seu salário. É o momento em que a bola de neve ganha vida própria.

O objetivo deste livro é te dar as ferramentas para construir essa bola de neve da maneira mais eficiente e segura possível, aproveitando essa força da natureza financeira para garantir a sua liberdade.

0.4 O Que Esperar Deste Livro (e O Que Não Esperar)

Antes de virarmos a página para começar a parte técnica, precisamos fazer um acordo de honestidade. A indústria financeira adora vender ilusões, e eu estou aqui para vender realidade. Por isso, é fundamental alinhar suas expectativas.

O Que NÃO Esperar:

1. **Fórmulas Mágicas:** Não existe "fique rico em 30 dias". Se alguém te prometeu isso, corra. A riqueza real é construída, não encontrada.
2. **Dicas de Apostas:** Não vou te dizer qual ação vai subir amanhã ou qual criptomoeda é a "nova Bitcoin". Isso é especulação, e já concordamos que não somos especuladores.
3. **Linguagem Acadêmica Chata:** Eu não vou usar termos como "volatilidade estocástica" para parecer inteligente. Se eu usar uma palavra

técnica, prometo explicá-la como se estivéssemos conversando em uma mesa de bar.

4. **Julgamento:** Não importa se você está endividado hoje ou se nunca guardou um centavo. Não estamos aqui para julgar seu passado, mas para construir seu futuro.

O Que VOCÊ PODE Esperar:

1. **Um Mapa Claro:** Vamos sair do zero. Vou te guiar desde a organização das dívidas até a compra da sua primeira ação ou fundo imobiliário. Passo a passo.
2. **Empoderamento:** O objetivo não é que você dependa de mim ou de um gerente de banco para sempre. O objetivo é que você aprenda a pescar. Quero que você termine este livro sentindo-se confiante para abrir o aplicativo da corretora e tomar suas próprias decisões.
3. **Estratégias para a Realidade Brasileira:** Livros traduzidos dos EUA são ótimos, mas eles não ensinam a lidar com a nossa inflação, nossos juros altos (a famosa taxa SELIC) e os produtos que só existem aqui, como o Tesouro Direto. Este livro é feito para o terreno em que pisamos.
4. **Psicologia Financeira:** Vamos falar muito sobre comportamento. Investir é 20% técnica e 80% controle emocional. Saber *o que* fazer é fácil; *fazer* o que precisa ser feito quando o mercado está em pânico é o desafio.

Nós vamos construir sua **Reserva de Emergência** para que você nunca mais tenha medo de ser demitido ou de ter um problema de saúde. Vamos entender a **Renda Fixa** para proteger seu dinheiro da inflação. Vamos explorar os **Fundos Imobiliários** para gerar aluguel sem ter dor de cabeça com inquilinos. E vamos desmistificar a **Bolsa de Valores** para que você se torne sócio das maiores empresas do país.

Sua transformação de poupador (ou devedor) para Investidor começa agora. Respire fundo. Esqueça o medo de que "investir é difícil" ou "é coisa de rico". O conhecimento é a chave que destranca essa porta, e você já está com a chave na mão.

Vamos começar?

Resumo do Capítulo

- **Principais Ideias:**
- O dinheiro nunca "sobra"; você precisa se pagar primeiro e viver com o restante.
- Inflação é o imposto invisível que corrói o dinheiro parado.
- Especuladores apostam na sorte e no curto prazo; Investidores plantam e colhem no longo prazo.
- Juros Compostos são juros sobre juros: o tempo é o fator multiplicador mais importante.
- Este livro é um guia prático para a realidade brasileira, focado em construção de patrimônio e não em enriquecimento rápido.
- **Passos de Ação:**

1. **Reflexão:** Identifique se você tem agido como o Beto (esperando sobrar) ou como a Ana (priorizando o investimento).
2. **Compromisso:** Faça um contrato verbal com você mesmo agora: "Eu sou um investidor em construção e vou priorizar o meu futuro."
3. **Visualização:** Imagine onde você quer estar financeiramente daqui a 10 anos. Guarde essa imagem; ela será seu combustível.

Capítulo 1: O Básico da Economia para Investidores

Você já teve a sensação de ir ao supermercado, gastar a mesma quantia de dinheiro que no mês passado, mas voltar para casa com sacolas visivelmente mais leves? Ou talvez tenha ouvido no noticiário que "o mercado está agitado" e se perguntou como isso afeta a sua vida real, longe da Faria Lima ou de Wall Street?

Muitas pessoas evitam investir porque acreditam que precisam de um diploma em Economia para entender o que está acontecendo. A boa notícia é que você não precisa. Para construir riqueza, você só precisa entender as "regras do jogo".

O mercado financeiro não é um monstro de sete cabeças; é apenas um sistema de incentivos. E, como em qualquer jogo, quem conhece as regras vence, e quem as ignora paga a conta. Neste capítulo, vamos traduzir os quatro pilares fundamentais que sustentam todo e qualquer investimento: Inflação, Juros, Risco e Liquidez. Entendendo isso, você deixará de ser uma vítima da economia para se tornar um participante ativo dela.

1.1 Inflação: O Inimigo Invisível do Seu Dinheiro

Imagine que você tem uma nota de R$ 100,00. Você a coloca dentro de uma caixa de sapatos, tranca a caixa e a esconde no fundo do seu guarda-roupa. Daqui a dez anos, você abre a caixa. A nota ainda estará lá, intacta. Ela ainda será azul, terá o mesmo desenho e o mesmo número impresso: 100.

No entanto, o que você consegue *comprar* com ela terá mudado drasticamente. Isso é a inflação.

A inflação não é apenas o aumento dos preços; é a perda do poder de compra da sua moeda. É o cupim silencioso que corrói o valor do seu trabalho enquanto você dorme. No Brasil, infelizmente, conhecemos esse inimigo muito bem. Temos uma memória histórica de hiperinflação, mas mesmo a inflação "controlada" de hoje é devastadora no longo prazo.

Para visualizar isso, vamos usar nossos personagens, o Beto e a Ana. O

Beto morre de medo de investir. Ele acha mais seguro deixar o dinheiro parado na conta corrente ou "debaixo do colchão" (metaforicamente). Em janeiro, ele tinha R$ 1.000,00, o suficiente para fazer uma compra de mês completa para sua família. Ele guardou esse dinheiro. Chegou dezembro. A inflação acumulada no ano foi de 10% (um cenário hipotético, mas realista em certos períodos). O Beto pega seus R$ 1.000,00 e vai ao mercado. Surpresa: ele enche o carrinho, mas quando chega no caixa, percebe que o valor daquela mesma compra agora é R$ 1.100,00. Ele precisa tirar itens do carrinho. O dinheiro dele "encolheu" sem que ninguém tocasse nele.

A **Ana**, por outro lado, entende que dinheiro parado é dinheiro perdendo valor. Ela investiu seus R$ 1.000,00 em uma aplicação que rendeu 12% ao ano. Em dezembro, ela tem R$ 1.120,00. Ela não só protegeu seu poder de compra contra a inflação de 10%, como teve um pequeno ganho real.

O Índice que Você Precisa Conhecer: IPCA Quando falamos de inflação oficial no Brasil, falamos do **IPCA** (Índice Nacional de Preços ao Consumidor Amplo). Ele é medido pelo IBGE e funciona como um termômetro. Se o IPCA sobe, seu dinheiro vale menos.

Por que isso é vital para você, investidor iniciante? Porque o seu primeiro objetivo ao investir não é "ficar rico". O primeiro objetivo é **não ficar pobre**. Qualquer investimento que renda menos que a inflação não é um investimento de verdade; é uma "poupança ilusória". Se a inflação é 5% e seu investimento rende 4%, você perdeu dinheiro, mesmo que o saldo nominal tenha aumentado.

Lembre-se desta regra de ouro: **Ganho Real = Rentabilidade do Investimento - Inflação.** Se o resultado dessa conta não for positivo, você está andando para trás. A partir de hoje, não olhe apenas para o quanto seu dinheiro cresceu em números; olhe para o quanto ele cresceu acima da inflação.

1.2 Taxa de Juros (SELIC/CDI): A Bússola do Mercado

Se a inflação é o vilão, a taxa de juros é a ferramenta usada para combatê-lo — e, para nós investidores, ela funciona como uma bússola que indica para onde devemos mover nosso dinheiro.

No Brasil, a "mãe" de todas as taxas é a **Taxa Selic**. Ela é definida pelo Banco Central a cada 45 dias. Pense na Selic como o "preço do dinheiro" na economia.

Como funciona a mecânica: Quando a inflação está alta, o Banco Central aumenta a Selic.

- **O objetivo:** Tornar o crédito mais caro (financiamentos e empréstimos ficam com juros altos), desestimulando o consumo. Se as pessoas compram menos, os preços tendem a cair ou parar de subir.
- **O efeito para você:** É horrível para quem deve, mas maravilhoso para quem investe.

Quando a Selic está alta, a Renda Fixa (onde você empresta dinheiro para o governo ou bancos) paga muito bem. É o momento em que você consegue obter ótimos retornos com risco baixíssimo. É como se o mercado te dissesse: *"Por favor, não gaste seu dinheiro agora. Empreste-o para nós, e te pagaremos muito bem por isso."*

O Irmão Gêmeo da Selic: O CDI Você verá a sigla **CDI** (Certificado de Depósito Interbancário) em quase todos os investimentos de Renda Fixa privada (como os CDBs dos bancos digitais). Simplificando ao extremo: os bancos emprestam dinheiro uns aos outros todos os dias para fechar o caixa no azul. A taxa que eles cobram entre si é o CDI.

Na prática, o CDI anda de mãos dadas com a Selic. Se a Selic é 10% ao ano, o CDI será aproximadamente 9,90%. Eles são quase sinônimos para o pequeno investidor. Portanto, quando você vê um investimento que paga "100% do CDI", significa que ele vai render exatamente a média da taxa de juros da economia. Se a Selic subir, seu rendimento sobe. Se a Selic cair, seu rendimento cai.

A Gangorra dos Investimentos Entender os juros é entender o ciclo do mercado:

1. **Juros Altos (Selic Alta):** A Renda Fixa brilha. A Bolsa de Valores tende a sofrer, pois as empresas pagam caro por suas dívidas e os investidores preferem a segurança da Renda Fixa.
2. **Juros Baixos (Selic Baixa):** A Renda Fixa rende pouco (às vezes perde para a inflação). Os investidores são "forçados" a migrar para a Bolsa de Valores e Fundos Imobiliários em busca de retornos melhores, assumindo mais risco.

Saber em que ponto desse ciclo estamos ajuda você a calibrar sua carteira sem precisar de previsões mágicas. Se a Selic está subindo, proteja-se na Renda Fixa. Se começou a cair, pode ser hora de olhar com carinho para a Renda Variável.

1.3 Risco vs. Retorno: A Lei Imutável das Finanças

Aqui reside a verdade mais absoluta do universo financeiro, aquela que separa os investidores sérios das vítimas de golpes: **Não existe retorno alto com risco baixo.**

Repita comigo: *Não existe retorno alto com risco baixo.*

Essa relação é proporcional e inquebrável. Pense nela como uma balança. Se você quer a possibilidade de ganhar muito dinheiro (Retorno), precisará aceitar a possibilidade de ver seu saldo oscilar ou até diminuir temporariamente (Risco). Se você quer segurança total e garantia de que não perderá um centavo (Segurança), terá que aceitar ganhos mais modestos.

Muitos iniciantes caem em pirâmides financeiras porque ignoram essa lei. Quando alguém promete "3% ao mês garantido" ou "dobre seu capital em pouco tempo sem risco", fuja. Isso não existe na economia real.

A Escada de Risco Para visualizar melhor, imagine uma escada. A cada degrau que você sobe, o potencial de lucro aumenta, mas a vertigem (risco) também.

1. **Degrau Térreo (Tesouro Selic/CDBs de grandes bancos):** Risco quase zero. Você dorme tranquilo. O retorno é consistente, mas limitado à taxa de juros básica.
2. **Primeiro Andar (Crédito Privado/Debêntures):** Você empresta para empresas. O retorno é maior que o do banco, mas se a empresa quebrar, você pode ter problemas.
3. **Segundo Andar (Fundos Imobiliários e Ações de grandes empresas):** Renda Variável. Você pode ganhar com dividendos e valorização, mas pode ver seu patrimônio cair 10% ou 20% em uma crise.
4. **Cobertura sem parapeito (Criptomoedas, Day Trade, Ações de empresas em recuperação):** Potencial de multiplicar o dinheiro por 10x, mas risco real de ele virar pó.

O Conceito de Volatilidade No mercado, risco nem sempre significa "perder tudo". Frequentemente, risco significa **volatilidade**. É o "sobe e desce" do preço. Se você compra uma ação por R$ 10,00 e amanhã ela vale R$ 9,50, você não "perdeu" 50 centavos, a menos que venda a ação naquele momento. Se esperar, ela pode ir a R$ 12,00. O investidor iniciante costuma ter pânico da volatilidade. O investidor experiente entende que a volatilidade é o "preço do ingresso" para obter retornos maiores no longo prazo.

Sua missão é encontrar o ponto de equilíbrio onde você consiga ter bons retornos, mas ainda consiga colocar a cabeça no travesseiro à noite e dormir em paz. Isso se chama "Suitability" ou Perfil de Investidor, e falaremos mais sobre isso adiante.

1.4 Liquidez: Quando Você Pode Tocar no Seu Dinheiro

Você tem R$ 500.000,00 investidos em um apartamento maravilhoso. De repente, seu carro quebra e você precisa de R$ 5.000,00 para o conserto urgente. Você pode vender uma maçaneta ou uma janela do apartamento para pagar o mecânico? Não. Você teria que vender o apartamento todo, o que pode levar meses, ou vendê-lo por um preço muito abaixo do mercado para conseguir o dinheiro rápido.

Isso é um problema de **Liquidez**.

Liquidez é a velocidade e a facilidade com que você consegue transformar um investimento em dinheiro vivo na sua mão, pelo preço justo.

- **Alta Liquidez:** Poupança (embora ruim em rendimento), Tesouro Selic, Saldo em conta remunerada. Você pede o resgate e o dinheiro está na mão no mesmo dia ou no dia seguinte (D+0 ou D+1).
- **Baixa Liquidez:** Imóveis, obras de arte, alguns tipos de investimentos bancários que "trancam" seu dinheiro por 2 ou 3 anos (como LCIs com vencimento longo).

O Triângulo Impossível Nos investimentos, existe um conceito chamado "O Triângulo Impossível". Imagine um triângulo com três pontas:

1. Rentabilidade (Ganha muito)
2. Segurança (Baixo risco)
3. Liquidez (Resgate rápido)

Você, geralmente, só pode escolher duas pontas.

- Quer **Segurança e Liquidez**? Terá baixa Rentabilidade (Ex: Tesouro Selic).
- Quer **Rentabilidade e Segurança**? Terá baixa Liquidez (Ex: Um CDB que paga muito bem, mas tranca seu dinheiro por 5 anos).

- Quer **Rentabilidade e Liquidez**? Terá baixa Segurança (Ex: Ações na Bolsa – você pode vender rápido e ganhar muito, mas pode perder também).

A Regra da Sobrevivência Nunca, jamais, invista sua Reserva de Emergência (aquele dinheiro para imprevistos) em algo com baixa liquidez. O dinheiro da emergência precisa estar disponível para "ontem". Deixe a baixa liquidez para o dinheiro da aposentadoria ou objetivos de longo prazo, onde você pode se dar ao luxo de esperar em troca de juros maiores.

1.5 Glossário de Sobrevivência: Traduzindo a Sopa de Letrinhas

Para navegar no mundo dos investimentos sem parecer um turista perdido, você precisa dominar o vocabulário básico. O mercado financeiro adora siglas, mas elas são apenas abreviações para conceitos simples.

Aqui está o seu "Dicionário de Bolso" para consultar sempre que se sentir confuso. Não tente decorar tudo agora, use esta seção como referência.

Os Índices (Os Termômetros)

- **IPCA (Índice Nacional de Preços ao Consumidor Amplo):**
- *Tradução:* A inflação oficial.
- *Uso:* Se seu investimento rende menos que o IPCA, você está perdendo poder de compra.
- **SELIC (Sistema Especial de Liquidação e de Custódia):**
- *Tradução:* A taxa básica de juros da economia, definida pelo Banco Central.
- *Uso:* Baliza quanto o governo paga para quem empresta dinheiro a ele.
- **CDI (Certificado de Depósito Interbancário):**
- *Tradução:* A taxa de juros que os bancos usam entre si. Segue a Selic de perto.

- *Uso:* A meta da Renda Fixa privada. Um bom investimento deve pagar pelo menos "100% do CDI".
- **IGP-M (Índice Geral de Preços do Mercado):**
- *Tradução:* A "inflação do aluguel".
- *Uso:* Muito usado para reajustar contratos de aluguel e energia elétrica. Costuma ser mais volátil que o IPCA.
- **IBOVESPA:**
- *Tradução:* A média das ações mais importantes do Brasil.
- *Uso:* Quando dizem "a Bolsa subiu", querem dizer que o Ibovespa subiu. Serve para comparar o desempenho da sua carteira de ações.

Os Produtos (Onde você põe o dinheiro)

- **CDB (Certificado de Depósito Bancário):**
- *Tradução:* Emprestar dinheiro para o banco.
- *Segurança:* Garantido pelo FGC (veja abaixo) até R$ 250 mil.
- **LCI / LCA (Letras de Crédito Imobiliário / do Agronegócio):**
- *Tradução:* Emprestar dinheiro para o banco financiar casas ou plantações.
- *Vantagem:* Isentos de Imposto de Renda para pessoa física.
- **Tesouro Direto:**
- *Tradução:* A plataforma para emprestar dinheiro para o Governo Federal.
- *Segurança:* Considerado o investimento mais seguro do país (risco soberano).

Conceitos Importantes

- **FGC (Fundo Garantidor de Créditos):**
- *Tradução:* O "seguro" do investidor pequeno.
- *Como funciona:* Se o banco onde você investiu quebrar, o FGC devolve seu dinheiro (limite de R$ 250 mil por CPF por instituição). Cobre Poupança, CDB, LCI e LCA. **Atenção:** Não cobre Tesouro Direto nem Ações.
- **Alíquota:**
- *Tradução:* A porcentagem de imposto que você paga.

- *Exemplo:* Na Renda Fixa, a alíquota de Imposto de Renda diminui quanto mais tempo você deixa o dinheiro investido (começa em 22,5% e cai para 15%).
- **Day Trade:**
- *Tradução:* Comprar e vender um ativo no mesmo dia para lucrar com a oscilação rápida.
- *Alerta:* Altíssimo risco. Estatisticamente, a maioria das pessoas perde dinheiro com isso. Não é recomendável para iniciantes.
- **Spread (Lê-se "Ispréd"):**
- *Tradução:* A diferença entre o preço de compra e o de venda, ou a margem de lucro do banco.
- *Uso:* Se o banco capta dinheiro pagando 10% a você e empresta a 30% para outro, o spread é essa diferença.

História de Sucesso: A Virada de Chave do Marcos

Marcos, um professor de História de 32 anos, sempre achou que economia era coisa de gente rica. Ele guardava dinheiro na Poupança "por tradição". Em 2015, com a inflação batendo 10%, ele notou que suas economias de anos para comprar um carro não estavam acompanhando o aumento do preço do veículo. Ao aprender o conceito de **Juro Real (Rendimento - Inflação)**, Marcos percebeu que estava perdendo dinheiro todo mês. Ele venceu o medo das siglas, abriu conta em uma corretora e moveu seu dinheiro para o Tesouro IPCA+ (um título que garante pagar a inflação mais uma taxa fixa). Resultado: Três anos depois, ele não só comprou o carro à vista, como sobrou dinheiro para começar sua reserva de aposentadoria. Ele não precisou virar um gênio da matemática, apenas entendeu que precisava proteger seu dinheiro do "inimigo invisível".

Principais Ideias

- **Inflação** não é só preço alto, é seu dinheiro perdendo força. Seu objetivo é sempre ter **ganho real** (acima da inflação).
- **Selic e CDI** são os faróis do mercado. Juros altos favorecem Renda Fixa; juros baixos empurram para a Renda Variável.
- **Risco e Retorno** andam juntos. Desconfie de promessas de lucro alto sem risco.
- **Liquidez** é a rapidez de acesso ao dinheiro. Reserva de Emergência exige liquidez alta.

Passos de Ação

1. **Verifique a inflação:** Pesquise quanto está o IPCA acumulado nos últimos 12 meses (uma rápida busca no Google resolve).
2. **Verifique seu rendimento:** Olhe para onde seu dinheiro está guardado hoje. Ele rendeu mais do que o IPCA que você pesquisou? Se não, você está empobrecendo.
3. **Aprenda o CDI atual:** Descubra em quanto está a taxa CDI hoje. Esse será seu número mágico de comparação para qualquer oferta de investimento que seu gerente de banco fizer.

Resumo do Capítulo

Neste capítulo, desmontamos a "sopa de letrinhas" da economia. Você aprendeu que a inflação é o inimigo a ser batido, que os juros (Selic/CDI) ditam o ritmo dos seus ganhos em renda fixa, e que você precisa equilibrar o risco, o retorno e a liquidez de acordo com seus objetivos. Agora que entendemos o terreno onde estamos pisando, é hora de olhar para dentro de casa. No próximo capítulo, vamos fazer um Raio-X nas suas finanças e construir a base sólida para começar a investir.

Capítulo 2: A Fundação Sólida – Organização e Reserva

Você não construiria uma casa começando pelo telhado. Parece óbvio na construção civil, mas nas finanças, a maioria das pessoas tenta fazer exatamente isso. Elas querem saber "qual a melhor ação para comprar hoje" enquanto ainda estão pagando juros no cheque especial ou não sabem exatamente quanto gastam por mês no cartão de crédito.

Antes de falarmos sobre multiplicar seu patrimônio, precisamos garantir que o solo onde vamos construir sua riqueza é firme. Investir sem organização é como tentar encher um balde furado com uma colher: você vai se cansar, vai ver o dinheiro entrar, mas no final do dia, o balde continuará vazio.

Neste capítulo, vamos encarar a realidade, limpar a bagunça e construir o seu escudo financeiro mais importante.

2.1 O Raio-X Financeiro: Diagnosticando Suas Contas

A ignorância financeira é uma bênção disfarçada de maldição. Enquanto você não olha para os números, pode fingir que está tudo bem. É aquele sentimento de "enquanto o cartão passar, eu tenho dinheiro". Mas a verdadeira liberdade começa com a verdade, por mais desconfortável que ela seja no início.

O primeiro passo para deixar de ser um pagador de contas e se tornar um investidor é fazer o **Raio-X Financeiro**. Não se trata apenas de anotar o que você ganha, mas entender cirurgicamente para onde o dinheiro vai.

Vamos usar nossos personagens para ilustrar isso. Beto, o Gastador, acredita que sabe controlar suas finanças "de cabeça". Ele sabe quanto ganha e tem uma ideia vaga de que gasta "uns 300 reais" com transporte e "uns 500" com lazer. Se você perguntar para onde foram os últimos 200 reais da conta dele, ele não saberá responder. O dinheiro simplesmente evapora.

Já Ana, a Investidora, decidiu fazer o Raio-X. Ela sentou no domingo à noite, abriu o extrato bancário dos últimos três meses e a fatura do cartão. Ela categorizou cada gasto: Moradia, Alimentação, Transporte, Lazer e "Supérfluos Invisíveis".

O que Ana descobriu é o que a maioria das pessoas descobre: os pequenos gastos são os assassinos silenciosos da riqueza. Ela percebeu que aqueles cafés diários, os serviços de assinatura que ela não assistia e os pedidos de aplicativo de comida "só porque estava cansada" somavam quase 20% da sua renda líquida. Beto continua achando que não sobra dinheiro porque ganha pouco; Ana descobriu que o dinheiro sobrava, mas estava sendo mal direcionado.

Para fazer o seu Raio-X, você precisa diferenciar dois conceitos vitais:

- **Gastos Essenciais:** Tudo aquilo necessário para sua sobrevivência e trabalho (aluguel, luz, mercado básico, internet).
- **Gastos de Estilo de Vida:** Tudo aquilo que traz conforto, mas não é vital (restaurantes, TV a cabo premium, roupas de marca, carro mais caro do que o necessário).

O objetivo aqui não é cortar todo o seu prazer. Um orçamento que corta todo o lazer é como uma dieta que corta todos os carboidratos: você aguenta por duas semanas e depois chuta o balde com força. O objetivo é ter **consciência**.

Você precisa olhar para os números e se perguntar: "Esse gasto está me trazendo felicidade proporcional ao quanto ele me custa de vida?". Muitas vezes, gastamos por inércia. Cancelar uma assinatura esquecida ou renegociar um plano de celular pode liberar, imediatamente, o dinheiro para o seu primeiro investimento.

Sua tarefa é simples, mas poderosa: liste tudo. Encare o extrato. A clareza traz calma. Quando você sabe o tamanho do monstro, percebe que pode derrotá-lo.

2.2 Quitanto Dívidas Antes de Investir: A Ordem Lógica

Imagine que você está em um barco que está afundando porque tem um buraco no casco. Ao mesmo tempo, você está tentando tirar a água de dentro com um copo. O que é mais inteligente: continuar tirando a água com o copo ou tapar o buraco primeiro?

Nas finanças, as dívidas são o buraco no casco. E tentar investir enquanto se tem dívidas de juros altos é matemática básica sendo ignorada.

Vamos aos números para que não reste dúvida. No Brasil, um bom investimento em Renda Fixa pode te pagar, em média, algo entre 10% a 13% **ao ano** (dependendo da taxa Selic do momento). Por outro lado, os juros do rotativo do cartão de crédito ou do cheque especial podem ultrapassar facilmente os 300% ou 400% ao ano.

Se você tem R$ 1.000,00 sobrando e uma dívida no cartão de R$ 1.000,00, e decide investir esse dinheiro em vez de pagar a dívida, veja o que acontece em um ano:

- Seu investimento virou aproximadamente R$ 1.120,00.
- Sua dívida virou aproximadamente R$ 4.000,00.

Você "ganhou" 120 reais e "perdeu" 3.000 reais. A matemática é cruel com quem tenta investir devendo. Portanto, a regra de ouro é: **se a taxa de juros da dívida for maior que o retorno potencial do investimento, pague a dívida primeiro.**

Isso se aplica principalmente a dívidas "caras": cartão de crédito, cheque especial e empréstimos pessoais sem garantia. Financiamentos imobiliários (que costumam ter juros mais baixos, próximos a 9% ou 10% ao ano) são uma exceção e podem conviver com seus investimentos, desde que as parcelas caibam no bolso.

Como atacar as dívidas? Existem duas estratégias principais, e você deve escolher a que melhor se adapta à sua psicologia:

1. **A Matemática (Avalanche):** Você lista todas as suas dívidas e ordena da maior taxa de juros para a menor. Você paga o mínimo em todas e joga todo o dinheiro extra na dívida com o juro mais alto. É a forma mais rápida e barata de sair do buraco.
2. **A Psicológica (Bola de Neve):** Você ordena as dívidas pelo valor total, da menor para a maior (independentemente dos juros). Você quita a menor dívida primeiro. Ao eliminá-la, você ganha uma injeção de ânimo e usa o dinheiro que sobrava dessa parcela para atacar a segunda menor. Embora matematicamente você pague um pouco mais de juros no final, a sensação de vitória rápida pode ser o combustível que você precisa para não desistir.

Ana, nossa investidora em formação, optou pela estratégia matemática. Ela ligou para o banco, renegociou o cheque especial trocando por um empréstimo consignado (com juros muito menores) e estancou a sangria.

Lembre-se: não existe investimento mágico que supere os juros bancários brasileiros. Limpar seu nome é o primeiro grande retorno sobre o seu capital. A paz de dormir sem dever nada a ninguém é o primeiro dividendo que você vai receber.

2.3 A Reserva de Emergência: O Que É e Quanto Guardar

Agora que organizamos a casa e tapamos os buracos das dívidas, chegamos ao alicerce de qualquer vida financeira saudável: a **Reserva de Emergência**.

Muitos gurus de finanças tentam vender a ideia de riqueza rápida, mas poucos falam sobre a importância de "não quebrar". A Reserva de Emergência não serve para deixar você rico. Ela serve para impedir que você fique pobre novamente quando a vida acontecer. E acredite: a vida vai acontecer.

O carro vai quebrar, o dente vai doer, o telhado vai vazar ou, no pior cenário, o desemprego pode bater à porta. Sem uma reserva, qualquer um desses eventos obriga você a se endividar novamente, voltando para a estaca zero (ou menos um) do jogo financeiro.

O que é a Reserva? É um montante de dinheiro separado exclusivamente para imprevistos reais.

- Comprar uma TV nova em promoção **não** é emergência.
- Pagar o conserto do carro para poder ir trabalhar **é** emergência.
- Pagar a viagem de fim de ano **não** é emergência.
- Cobrir suas contas enquanto você procura um novo emprego **é** emergência.

Beto, o Gastador, acha que reserva é dinheiro parado. "Por que deixar dinheiro lá rendendo pouco se eu posso gastar ou arriscar na bolsa?", pensa ele. Quando o motor do carro dele fundiu, Beto teve que parcelar o conserto em 10 vezes com juros, comprometendo sua renda futura. Ana, por outro lado, usou sua reserva. Ela pagou à vista (conseguindo desconto), arrumou o carro e seguiu a vida. Para Ana, o problema foi apenas um inconveniente financeiro. Para Beto, foi uma tragédia pessoal.

Quanto devo guardar? O tamanho da sua reserva depende da estabilidade da sua renda. A regra geral do mercado é baseada no seu **Custo de Vida Mensal** (aquele valor dos gastos essenciais que calculamos no Raio-X, lembra?).

- **Funcionário Público ou Renda Muito Estável:** Se você tem estabilidade quase garantida, uma reserva de **3 a 6 meses** do seu custo de vida é suficiente.
- **Funcionário CLT (Setor Privado):** O risco de demissão existe. O ideal é ter entre **6 a 12 meses** do seu custo de vida guardados.
- **Autônomo ou Empreendedor:** Sua renda varia e o risco é todo seu. Você precisa de uma blindagem maior. O recomendado é **12 meses** de custo de vida.

Exemplo prático: Se Ana gasta R$ 3.000,00 por mês para manter o básico da sua vida (aluguel, comida, contas) e é funcionária de uma empresa privada, sua meta de Reserva de Emergência deve ser entre R$ 18.000,00 (6 meses) e R$ 36.000,00 (12 meses).

"Mas isso é muito dinheiro! Vai demorar anos!", você pode pensar. Sim, pode demorar. Mas cada mês guardado é um mês de liberdade que você comprou. Se você tem apenas um mês guardado, já dorme melhor do que 90% da população. A construção é tijolo por tijolo. Não subestime o poder de começar.

2.4 Onde Colocar a Reserva: Segurança Acima de Tudo

Uma dúvida clássica de quem está começando a montar a Reserva de Emergência é: "Onde eu invisto esse dinheiro?". Aqui, precisamos ajustar sua bússola.

Para a Reserva de Emergência, nós não buscamos **Rentabilidade** (lucro alto). Nós buscamos dois outros pilares sagrados:

1. **Liquidez:** A facilidade e rapidez com que você transforma o investimento em dinheiro na mão. Se a emergência acontecer no sábado à noite ou na segunda de manhã, você precisa ter acesso rápido.
2. **Segurança:** A garantia de que o valor principal não vai diminuir. Você não pode colocar sua reserva em algo que oscila bruscamente, como ações ou criptomoedas. Imagine precisar do dinheiro justo no dia em que a bolsa caiu 10%?

Dado isso, a velha Caderneta de Poupança serviria? Ela tem liquidez e segurança, certo? Sim, mas ela perde feio para a inflação na maioria das vezes. Deixar dinheiro na poupança é ver seu poder de compra ser corroído lentamente. Nós queremos segurança, mas não queremos perder dinheiro.

As melhores opções para sua Reserva de Emergência no Brasil hoje são:

- **Tesouro Selic:** É o título público do governo brasileiro. Basicamente, você empresta dinheiro para o governo. É considerado o investimento mais seguro do país (mais seguro que a poupança, inclusive). Ele rende 100% da taxa Selic (a taxa básica de juros). A liquidez é D+1 (pediu o resgate hoje, cai na conta amanhã útil).
- **CDBs de Liquidez Diária:** São Certificados de Depósito Bancário. Você empresta dinheiro para um banco. Procure por CDBs de grandes bancos ou bancos digitais sólidos que paguem **pelo menos 100% do CDI** (uma taxa muito próxima da Selic) e que tenham **liquidez diária**. Importante: certifique-se de que o banco tenha a garantia do FGC (Fundo Garantidor de Créditos), que protege seu dinheiro até R$ 250 mil caso o banco quebre.

Onde NÃO colocar a Reserva:

- Ações ou Fundos Imobiliários (Renda Variável).
- CDBs "presos" (aqueles que pagam mais, mas só devolvem o dinheiro daqui a 2 ou 5 anos).
- Debêntures.
- Embaixo do colchão (a inflação vai comer seu dinheiro e o risco de roubo é alto).

Ana decidiu colocar sua reserva em um **CDB de Liquidez Diária** de um banco digital (que rende 100% do CDI), pois ela gosta da facilidade de movimentar pelo aplicativo no celular a qualquer momento, inclusive fins de semana em alguns casos. Beto, se tivesse reserva, provavelmente a colocaria em uma ação arriscada e teria que vendê-la com prejuízo na hora do aperto. Seja como a Ana: para a reserva, seja conservador e chato.

2.5 Automatizando a Poupança: O Segredo da Consistência

O maior inimigo do seu enriquecimento não é o governo, nem o banco, nem o seu chefe. É o seu cérebro. Nós, seres humanos, somos programados biologicamente para buscar gratificação imediata e evitar dor.

Guardar dinheiro dói no curto prazo (você deixa de comprar algo agora) para ter prazer no longo prazo. Gastar dá prazer agora e dor depois. Seu cérebro sempre vai preferir gastar.

Se você esperar chegar o dia 30 para investir "o que sobrar", adivinhe? Não vai sobrar nada. A "Lei de Parkinson" das finanças diz que nossos gastos sempre se expandem para ocupar toda a renda disponível.

O segredo para vencer essa falha biológica é tirar a força de vontade da equação. Você precisa **automatizar**.

O conceito é simples: **Pague-se Primeiro**. Assim que o salário cair na conta, antes de pagar o aluguel, a luz ou o cartão, o dinheiro do seu investimento deve sair. Não trate o investimento como a última prioridade, mas como a primeira conta, a mais importante: a conta do seu "Eu Futuro".

Como fazer isso na prática?

1. **Agendamento Automático:** A maioria dos bancos permite agendar transferências mensais (TED/PIX) para sua corretora ou para a "caixinha" de reserva. Configure para o mesmo dia em que você recebe o salário.
2. **Aplicações Automáticas:** Algumas corretoras e bancos permitem programar a aplicação automática no Tesouro Direto ou em fundos.

Quando você automatiza, você cria uma escassez artificial na sua conta corrente. Se você ganha R$ 5.000 e programa um investimento automático de R$ 500 no dia 1, seu cérebro se adapta a viver com os R$ 4.500 restantes. Você se força a ser criativo com o orçamento.

Ana configurou uma transferência automática. Todo dia 5, o dinheiro vai para a reserva dela. Ela nem vê. Nos primeiros meses, ela sentiu falta, mas logo se acostumou. Depois de um ano, ela olhou o saldo e se surpreendeu com quanto tinha acumulado. Foi a consistência, não a genialidade, que a enriqueceu.

HISTÓRIA DE SUCESSO:

Conheça o Lucas, 32 anos. Designer gráfico, sempre viveu no limite, gastando tudo em gadgets e saídas. Quando a pandemia atingiu o mercado, seus clientes sumiram. Sem reserva e com dívidas no cartão, Lucas teve que vender seu computador de trabalho para pagar o aluguel e voltou a morar com os pais, sentindo-se derrotado.

Aquilo foi o fundo do poço que ele precisava. Lucas leu sobre a Reserva de Emergência e prometeu nunca mais passar por aquilo. Ao recuperar a renda, ele manteve o padrão de vida baixo e focou obsessivamente em juntar 6 meses de custos. Levou 14 meses. Recentemente, a empresa onde ele trabalhava fez cortes. Lucas foi demitido. Diferente da primeira vez, ele não entrou em pânico. Ele olhou para sua reserva no Tesouro Selic, sorriu e pensou: "Eu tenho tempo". Ele usou esse tempo para estudar, montou um portfólio melhor e hoje ganha o dobro como freelancer. A reserva não comprou coisas; comprou a tranquilidade para ele virar o jogo.

RESUMO DO CAPÍTULO

Principais Ideias:

- Você precisa saber para onde vai cada centavo (Raio-X) antes de tentar multiplicar seu dinheiro.
- Pagar dívidas de juros altos é o melhor "investimento" inicial que você pode fazer.
- A Reserva de Emergência é seu seguro contra o caos. Ela deve cobrir de 3 a 12 meses do seu custo de vida.

- Reserva de Emergência deve ter **Liquidez** e **Segurança**, não rentabilidade alta.
- A automação vence a falta de disciplina. Pague-se primeiro.

Passos de Ação:

1. Baixe seus extratos dos últimos 90 dias e categorize seus gastos. Encontre onde está o vazamento.
2. Liste todas as suas dívidas e suas respectivas taxas de juros. Crie um plano de ataque (Matemático ou Bola de Neve).
3. Calcule sua meta de Reserva de Emergência (Gasto Mensal x Meses de Segurança).
4. Abra conta em um banco digital ou corretora e faça seu primeiro aporte (mesmo que seja R$ 50,00) no Tesouro Selic ou CDB de Liquidez Diária.
5. Programe uma transferência automática mensal para o dia do seu pagamento.

FINANCIAL PLAN

Capítulo 3: Renda Fixa – Emprestando Dinheiro com Lucro

Bem-vindo ao outro lado do balcão. Até agora, é provável que sua relação com o sistema financeiro tenha sido a de um pagador de juros. Você usou o cartão de crédito, o cheque especial ou fez um financiamento, e o banco lucrou com isso.

Neste capítulo, o jogo vira. Na **Renda Fixa**, você deixa de ser o devedor e passa a ser o credor. Você empresta o seu dinheiro para instituições — o governo, os bancos ou empresas — e, em troca, recebe o dinheiro de volta acrescido de juros em uma data combinada. É seguro, é previsível e, ao contrário do que muitos pensam, pode ser extremamente rentável se você souber escolher as ferramentas certas.

Prepare-se para entender como construir a base sólida do seu patrimônio.

3.1 O Tesouro Direto: O Investimento Mais Seguro do País

Imagine que você tem um amigo que é dono da máquina de imprimir dinheiro. Se você emprestar dinheiro a ele, a chance de não receber de volta é praticamente zero, certo? Pois bem, esse "amigo" é o Governo Federal.

O **Tesouro Direto** é um programa criado em 2002 para democratizar o acesso aos títulos públicos. Antes dele, apenas grandes bancos e fundos milionários podiam emprestar dinheiro ao governo. Hoje, com pouco mais de R$ 30,00, você pode se tornar um credor do Estado brasileiro.

Por que dizemos que este é o investimento mais seguro do país? Porque ele possui o chamado **Risco Soberano**. Na pior das hipóteses, se o governo não tiver dinheiro para te pagar, ele tem o poder (embora isso gere inflação) de emitir mais moeda para honrar a dívida em moeda local. Nenhum banco ou empresa privada tem esse poder. Portanto, se o Tesouro Direto "quebrar", significa que todos os bancos privados já quebraram muito antes.

Para começar, você precisa entender que existem três "sabores" principais de títulos no Tesouro, cada um servindo a um propósito diferente na sua vida:

1. **Tesouro Selic (O Porto Seguro):** Este título acompanha a taxa básica de juros da economia, a **Taxa Selic**. Ele é o substituto perfeito e imediato da Poupança.

- *Característica:* Ele sobe todo dia um pouquinho. Nunca fica negativo.
- *Para que serve:* Reserva de Emergência e objetivos de curtíssimo prazo (trocar de carro ano que vem, viajar em seis meses).
- *Liquidez:* Se você pedir o resgate hoje, o dinheiro está na conta no mesmo dia (em dias úteis, dentro do horário comercial).

2. Tesouro Prefixado (A Aposta): Aqui, a taxa de juros é definida no momento da compra. Você sabe exatamente quanto vai receber no final. Por exemplo, se comprar um título que paga **11% ao ano**, não importa se a inflação explodir ou se a Selic cair para 2%, você receberá seus 11%.

- *Risco:* Se a inflação subir para 15%, você perde poder de compra, pois travou seu ganho em 11%.
- *Para que serve:* Metas de médio prazo (3 a 5 anos) onde você sabe exatamente quanto precisa ter na data final.

3. Tesouro IPCA+ (A Blindagem): Este é o favorito de quem pensa em aposentadoria ou longo prazo. Ele paga uma taxa fixa (ex: 6%) **mais** a inflação (IPCA) do período.

- *A Mágica:* Ele garante que seu dinheiro sempre ganhará da inflação. Você mantém seu poder de compra e ainda ganha um lucro real em cima.
- *Para que serve:* Aposentadoria, faculdade dos filhos recém-nascidos, independência financeira em 10, 20 ou 30 anos.

Vamos voltar aos nossos personagens para ilustrar. O **Beto** morre de medo de "prender" o dinheiro. Ele deixa tudo na conta corrente ou na Poupança, rendendo abaixo da inflação. Ele acha que investir no governo é perigoso por causa de escândalos políticos. O que o Beto não entende é que Estado e

Governo são coisas diferentes; a dívida pública é honrada independentemente de quem é o presidente, pois o calote (default) fecharia as portas do Brasil para o mundo.

Já a **Ana** entendeu o jogo. Ela colocou sua Reserva de Emergência no Tesouro Selic. Para a sua aposentadoria, programou compras mensais do Tesouro IPCA+. Ela dorme tranquila sabendo que, não importa o preço do tomate ou da gasolina daqui a 20 anos, o dinheiro dela terá sido corrigido por essa alta, mais os juros compostos.

Investir no Tesouro é simples: você abre conta em uma corretora (a maioria é taxa zero para isso), escolhe o título e transfere o dinheiro. É a porta de entrada para a liberdade financeira.

3.2 CDBs: Emprestando para Bancos e Ganhando Mais que a Poupança

Agora que você já sabe emprestar para o governo, vamos falar sobre emprestar para os bancos. É aqui que entra o **CDB (Certificado de Depósito Bancário)**.

Quando você deixa dinheiro na Poupança, o banco pega esse dinheiro, empresta para outra pessoa a juros altíssimos (como no cheque especial ou financiamento imobiliário) e te devolve uma "esmola" de rentabilidade. No CDB, a lógica é a mesma — você empresta ao banco para ele emprestar a outros — mas a remuneração é muito mais justa.

A grande maioria dos CDBs tem sua rentabilidade atrelada ao **CDI** (Certificado de Depósito Interbancário). Para simplificar nossa vida: o CDI anda praticamente de mãos dadas com a Selic. Se a Selic é 10%, o CDI será aproximadamente 9,90%.

A Regra do Percentual do CDI Você verá CDBs sendo oferecidos assim: *"CDB que rende 100% do CDI"* ou *"CDB 120% do CDI"*.

- **100% do CDI:** Significa que o investimento rende a taxa cheia de juros do mercado. Hoje, isso é muito mais que a Poupança (que rende apenas 70% da Selic quando os juros estão altos, ou taxa fixa baixa).

- **Abaixo de 100%:** Geralmente são "CDBs armadilha" de grandes bancos para clientes desatentos. Evite.
- **Acima de 100%:** Bancos menores ou médios costumam oferecer 110%, 120% do CDI para atrair investidores.

"Mas e se o banco quebrar?" - O Anjo da Guarda chamado FGC Essa é a pergunta de ouro. Diferente do Tesouro Direto, bancos privados podem falir. É aí que entra o **Fundo Garantidor de Créditos (FGC).**

O FGC é uma entidade privada, mantida pelos próprios bancos, que funciona como um seguro. Se você investir em um CDB e o banco quebrar, o FGC devolve seu dinheiro, com os juros acumulados até a data da quebra.

- **O Limite:** A garantia é de até **R$ 250.000,00** por CPF e por instituição financeira.
- **O Teto Global:** Existe um limite global de R$ 1 milhão por CPF, renovado a cada 4 anos.

Isso significa que investir no "Banco XPTO", que ninguém conhece, pode ser tão seguro quanto investir no maior banco do país, desde que você respeite o limite de R$ 250 mil. Por que investir no banco menor? Porque, para competir com os gigantes, ele geralmente oferece taxas muito melhores (como 120% do CDI contra os 100% ou menos dos grandes bancos).

Liquidez Diária vs. Liquidez no Vencimento Preste muita atenção nisso antes de clicar em "investir".

- **CDB de Liquidez Diária:** Você pode resgatar a qualquer momento. Ideal para Reserva de Emergência.
- **CDB com Liquidez no Vencimento:** Seu dinheiro fica "trancado" por um período (1 ano, 2 anos, 5 anos). Em troca dessa falta de liberdade, o banco te paga uma taxa maior.

Vamos visualizar o cenário: O **Beto** foi ao seu gerente do banco tradicional, que lhe ofereceu um Título de Capitalização (que não é investimento!) e um CDB rendendo 80% do CDI. Beto aceitou, achando que estava fazendo um bom negócio.

A **Ana**, por sua vez, abriu o aplicativo da sua corretora. Ela encontrou um CDB de um banco médio, com garantia do FGC, pagando 115% do CDI para um prazo de 2 anos. O dinheiro de Ana vai crescer substancialmente mais rápido que o de Beto, correndo praticamente o mesmo risco (devido ao FGC).

Em resumo: CDBs são a ferramenta clássica da Renda Fixa privada. Busque sempre taxas acima de 100% do CDI, verifique o prazo de carência e nunca ultrapasse o limite do FGC em uma única instituição.

3.3 LCI e LCA: A Vantagem da Isenção de Imposto

Existe uma sigla mágica no mercado financeiro brasileiro que faz os olhos dos investidores brilharem: **Isento de IR**. É exatamente aqui que as LCIs (Letras de Crédito Imobiliário) e LCAs (Letras de Crédito do Agronegócio) se destacam.

O governo brasileiro entende que dois setores são motores vitais da nossa economia: a construção civil (Imobiliário) e a agricultura/pecuária (Agro). Para incentivar que dinheiro flua para esses setores, o governo concede um benefício fiscal: **Pessoas Físicas não pagam Imposto de Renda sobre os lucros de LCI e LCA.**

Para comparar:

- No Tesouro Direto e nos CDBs, você paga uma tabela regressiva de imposto sobre o lucro, que começa em 22,5% (se sacar em menos de 6 meses) e cai até 15% (após 2 anos).
- Nas LCIs e LCAs, o imposto é **zero**. O que rende vai direto para o seu bolso.

A Matemática da Isenção Muitos iniciantes caem na armadilha de comparar apenas o número bruto. Imagine que você vê dois investimentos:

1. Um CDB pagando **110% do CDI**.
2. Uma LCI pagando **90% do CDI**.

Qual é melhor? O instinto diz o CDB (110 é maior que 90). Mas, se o dinheiro ficar investido por menos de 6 meses, o imposto de renda do CDB "come" 22,5% do lucro. Fazendo as contas, o CDB renderia líquido algo próximo de 85% do CDI. A LCI, com seus 90% "limpos", ganha a disputa.

Por isso, sempre compare a **rentabilidade líquida**. Uma LCI de 90% ou 95% do CDI costuma ser extremamente competitiva e difícil de bater com produtos tributados, especialmente no curto e médio prazo.

Segurança e Prazos Assim como os CDBs, as LCIs e LCAs são emitidas por bancos e **também contam com a proteção do FGC** (até R$ 250 mil). Ou seja, o risco é o risco do banco, mitigado pelo seguro.

No entanto, há um ponto de atenção importante: a **carência**. Devido a novas regras do Conselho Monetário Nacional (CMN), esses títulos agora possuem prazos mínimos de carência maiores (muitas vezes 9 ou 12 meses) antes que você possa resgatar ou ter liquidez.

Isso torna as LCIs e LCAs instrumentos ruins para a Reserva de Emergência (que precisa de resgate imediato), mas excelentes para objetivos de curto/médio prazo onde você pode esperar, como:

- Uma viagem planejada para daqui a um ano.
- Troca de carro no ano seguinte.
- Acumulação de capital para dar entrada em um imóvel.

Pense na LCI/LCA como um "turbo" na sua Renda Fixa. Você empresta para o banco, o banco financia uma plantação de soja ou a construção de um prédio, e o governo deixa você ficar com todo o lucro. É uma das poucas "almoços grátis" (no sentido fiscal) disponíveis para o pequeno investidor.

3.4 Debêntures: Emprestando para Empresas (Com Cuidado)

Saímos agora da esfera bancária e governamental para entrar no mundo corporativo. Uma **Debênture** nada mais é do que um empréstimo que você faz para uma empresa não-financeira.

Imagine que a Vale, a Petrobras, ou uma concessionária de rodovias precisa de dinheiro para construir uma nova fábrica ou reformar uma estrada. Elas têm duas opções: pegar um empréstimo no banco (que cobra juros caros) ou emitir Debêntures e pegar dinheiro emprestado diretamente com você e outros investidores, pagando uma taxa menor que a do banco, mas maior do que a que você ganharia num CDB.

É uma relação ganha-ganha, mas que exige um alerta vermelho piscando: **Debêntures NÃO têm garantia do FGC.**

Se a empresa que emitiu a debênture quebrar e não tiver patrimônio para pagar os credores, você pode perder todo o seu dinheiro investido. Por isso, na Renda Fixa, as debêntures representam um degrau acima no risco — e, consequentemente, devem oferecer um retorno maior.

Tipos de Debêntures:

1. **Comuns:** O lucro é tributado pelo Imposto de Renda (tabela regressiva).
2. **Incentivadas:** Essas são as "queridinhas". São emitidas para financiar obras de infraestrutura (estradas, portos, energia, saneamento). Para incentivar o desenvolvimento do país, o governo isenta o investidor pessoa física de Imposto de Renda.

Como mitigar o risco? Como não há FGC, você precisa analisar o **Crédito** da empresa. Para facilitar, agências de classificação de risco dão notas (Ratings) para as empresas:

- **AAA (Triple A):** Risco muito baixo (ex: grandes multinacionais, empresas sólidas).
- **B ou C:** Risco alto (empresas em dificuldade ou muito pequenas).

Para quem está começando, a regra é clara: não coloque uma grande parte do seu patrimônio em uma única debênture. A melhor forma de investir em debêntures com segurança é através de **Fundos de Investimento** ou **ETFs** de debêntures, onde um gestor profissional compra dívidas de 30 ou 40 empresas diferentes. Se uma quebrar, o impacto no seu dinheiro é pequeno.

As debêntures são ótimas para apimentar a rentabilidade da carteira de Renda Fixa, buscando ganhos de **IPCA** + 7% ou **IPCA** + **8%** isentos de IR, mas exigem que você faça a lição de casa sobre quem está pegando seu dinheiro emprestado.

3.5 Marcação a Mercado: Por Que a Renda Fixa Pode Variar

Aqui está o conceito que mais assusta o investidor iniciante e que gera centenas de e-mails desesperados para corretoras todos os anos: *"Comprei um Tesouro IPCA+ e hoje meu saldo está negativo! Perdi dinheiro? A Renda Fixa não é fixa?"*

Calma. Respire. Bem-vindo à **Marcação a Mercado**.

A Renda Fixa é "fixa" apenas nas condições contratadas para o **vencimento**. Se você comprou um título que paga IPCA + 6% para 2035, e segurar esse título até 2035, você receberá *exatamente* IPCA + 6%. Promessa é dívida.

Porém, todos os dias, o mercado financeiro renegocia o preço desses títulos. O valor do seu título hoje é quanto o mercado pagaria por ele se você decidisse vendê-lo *agora*, antes do prazo.

A Analogia do Ingresso de Show Imagine que você comprou um ingresso para um show muito aguardado por R$ 100,00. Esse ingresso te garante a entrada no dia do evento (o "vencimento").

- **Cenário 1:** A banda fica super famosa e todo mundo quer ir. O preço do ingresso na mão de cambistas sobe para R$ 200,00. Seu ingresso valorizou!

- **Cenário 2:** Começa a chover muito e a banda anuncia que o vocalista está doente. Ninguém quer ir. O preço do ingresso cai para R$ 50,00. Seu ingresso desvalorizou temporariamente.

No mercado financeiro, a "chuva" ou a "fama" são as **Taxas de Juros Futuros**. Existe uma regra de gangorra (seesaw):

- **Quando a Taxa de Juros sobe, o Preço do Título cai.**
- **Quando a Taxa de Juros cai, o Preço do Título sobe.**

Por que isso acontece? Imagine que você tem um papel antigo que paga **IPCA + 4%**. De repente, o país entra em crise e o governo começa a emitir novos papéis pagando **IPCA + 8%** para atrair dinheiro. Quem vai querer comprar o seu papel "velho" que paga só 4%? Ninguém. A menos que você venda ele muito barato, com um "desconto". É aí que seu saldo aparece negativo na corretora.

O Pulo do Gato: Essa variação diária só importa se você vender o título **antes do vencimento**.

1. Se o saldo está negativo e você não vender: Não acontece nada. Você leva até o fim e recebe o combinado.
2. Se o saldo está positivo (porque os juros caíram): Você pode vender antecipadamente e lucrar em 2 anos o que demoraria 5 anos para ganhar. Isso é chamado de *trade* de renda fixa.

Para o investidor iniciante, a lição é: **Case o prazo do investimento com o prazo do seu objetivo.** Se você vai usar o dinheiro em 2030, compre um título que vença em 2030. Assim, você ignora a volatilidade do meio do caminho e a marcação a mercado deixa de ser um monstro para ser apenas um número na tela.

3.6 Como Escolher o Melhor Título de Renda Fixa Hoje

Diante de tantas opções (Tesouro, CDB, LCI, LCA, Debêntures, Prefixado, Pós-fixado, IPCA+...), é comum sentir a "paralisia da escolha". Vamos simplificar esse processo com um método de três passos.

Para escolher o melhor título, você não deve olhar primeiro para a rentabilidade. Você deve olhar para o **SEU OBJETIVO**. O dinheiro serve à vida, não o contrário.

Passo 1: Qual é o prazo do objetivo?

- **Curto Prazo (até 1 ou 2 anos):** Você precisa de segurança e liquidez. Não tente "ganhar da inflação" a qualquer custo aqui. O foco é preservar.
- *Melhores escolhas:* Tesouro Selic, CDBs de Liquidez Diária (mínimo 100% do CDI), LCI/LCA de curto prazo (após verificar a carência).
- **Médio Prazo (2 a 5 anos):** Aqui você pode abrir mão da liquidez para ganhar mais taxa.
- *Melhores escolhas:* CDBs e LCI/LCAs prefixadas ou atreladas ao CDI com vencimento em 2 ou 3 anos. Tesouro Prefixado (se você acredita que a inflação vai cair).
- **Longo Prazo (5 anos ou mais):** Aposentadoria e independência financeira. O inimigo aqui é a inflação.
- *Melhores escolhas:* Tesouro IPCA+, Debêntures Incentivadas (via fundos ou diversificadas), CDBs atrelados ao IPCA.

Passo 2: Qual é a sua tolerância a risco?

- **Conservador:** Fique no Tesouro Direto e CDBs de grandes bancos. Durma tranquilo.
- **Moderado:** Explore bancos médios (protegidos pelo FGC) para buscar taxas de 110% a 120% do CDI.
- **Arrojado:** Aloque uma pequena parte em Debêntures de empresas sólidas para tentar retornos acima da média.

Passo 3: A comparação final Use ferramentas online ou a calculadora da sua corretora para comparar taxas equivalentes. Lembre-se sempre de transformar a taxa bruta em líquida (descontando o IR).

- *Exemplo:* Um CDB 115% do CDI para 2 anos equivale a uma LCI de aproximadamente 98% do CDI. Se achar uma LCI pagando 90%, o CDB ganha. Se achar uma LCI de 100%, ela ganha.

História de Sucesso: O Casamento da Mariana Mariana, 29 anos, decidiu que se casaria em 3 anos. Ela tinha R$ 30.000,00 guardados na Poupança para a festa. Fazendo as contas, viu que a inflação dos serviços (buffet, decoração) estava subindo mais que o rendimento da poupança. Ela corria o risco de chegar na data do casamento com menos poder de compra.

Mariana não podia colocar esse dinheiro em Ações (risco de cair 50% na véspera do casamento), mas precisava de mais retorno. Ela aplicou a estratégia deste capítulo:

1. Deixou R$ 5.000 em um **Tesouro Selic** para qualquer imprevisto imediato (sinal do vestido, reserva do local).
2. Colocou R$ 25.000 divididos em duas **LCIs** que venciam em 2 anos, pagando 96% do CDI, e um **CDB IPCA+** que garantia inflação + 7% ao ano.

Resultado: Três anos depois, os juros compostos trabalharam. Ela não só preservou o valor contra a inflação, como teve um ganho real que pagou a lua de mel. Mariana não precisou ser uma expert em Wall Street; ela apenas escolheu o prazo certo e o produto certo.

📝 Resumo do Capítulo 3

Principais Ideias:

- Na Renda Fixa, **você é o banco**. Você empresta, eles pagam juros.
- **Tesouro Direto** é o risco soberano (o mais seguro).
- **CDBs, LCIs e LCAs** têm proteção do FGC até R$ 250 mil. Use isso a seu favor para investir em bancos médios que pagam mais.
- **LCI e LCA** são isentas de Imposto de Renda. Sempre compare a taxa líquida.
- **Marcação a Mercado** faz o preço dos títulos oscilar antes do vencimento. Se levar até o final, você recebe o contratado.

Passos de Ação:

1. **Abra o app da sua corretora** e vá na aba de Renda Fixa. Não compre nada ainda, apenas olhe as opções ("vitrine").
2. **Identifique um CDB** que pague mais de 100% do CDI e tenha liquidez diária.
3. **Faça uma simulação:** Use o site do Tesouro Direto para ver quanto renderia R$ 100,00 por mês no Tesouro IPCA+ para sua aposentadoria.
4. **Se você ainda tem dinheiro na Poupança** que não vai usar nos próximos 30 dias, mova para um Tesouro Selic ou CDB 100% CDI hoje mesmo.

No próximo capítulo, vamos sair da segurança dos empréstimos e entrar no mundo onde você vira dono de imóveis sem precisar carregar um único tijolo. Prepare-se para os **Fundos Imobiliários**.

Capítulo 4: Fundos Imobiliários (FIIs) – Aluguel Sem Inquilino

4.1 Entendendo os FIIs: Como Funciona o "Condomínio" de Investidores

Você já imaginou receber aluguel de um shopping center, de um moderno prédio comercial no centro da cidade ou de um gigantesco galpão logístico que armazena produtos para as maiores varejistas do país? Provavelmente, a ideia parece distante. Comprar um imóvel desses custa milhões, uma realidade fora do alcance da maioria de nós.

E se eu dissesse que você pode ser dono de um pedacinho de tudo isso, com muito menos dinheiro do que custa um carro popular, e sem se preocupar com inquilinos, reformas ou IPTU?

Bem-vindo ao mundo dos **Fundos de Investimento Imobiliário**, ou simplesmente **FIIs**.

A melhor maneira de entender um FII é imaginá-lo como um grande condomínio de investidores. Em vez de uma pessoa juntar milhões para comprar um prédio sozinha, um FII reúne o dinheiro de milhares de pessoas. Com essa montanha de dinheiro, uma gestora profissional compra ou constrói imóveis de alta qualidade — shoppings, escritórios, hospitais, centros de distribuição, etc.

Cada investidor que participa desse "condomínio" compra uma ou mais **cotas**. Uma cota é, essencialmente, um título que representa uma fração minúscula de todos os imóveis que o fundo possui. Se o fundo é dono de dez galpões logísticos, ao comprar uma cota, você se torna dono de um pedacinho de cada um deles.

O "síndico" desse condomínio gigante é a **gestora** do fundo. É uma equipe de especialistas cujo trabalho é administrar os imóveis, encontrar os melhores inquilinos (geralmente grandes empresas com contratos longos), negociar os aluguéis, cuidar da manutenção e resolver toda a burocracia.

E qual a sua parte nisso? A melhor de todas. Todos os meses, a gestora recolhe os aluguéis pagos pelos inquilinos, desconta os custos de administração e distribui a maior parte do lucro para os donos das cotas (os cotistas). Ou seja, você recebe na sua conta, mensalmente, um valor proporcional ao número de cotas que possui.

O mais fascinante é que você pode comprar e vender essas cotas facilmente, diretamente pela Bolsa de Valores, usando o mesmo aplicativo da corretora que você usará para outros investimentos. Isso dá aos FIIs uma liquidez que um imóvel físico jamais teria. Tente vender um apartamento em um dia. Impossível, certo? Com FIIs, você pode fazer isso em minutos.

História de Sucesso: A Descoberta de Ana

Ana, nossa investidora iniciante, sempre sonhou em viver de renda com aluguéis. A imagem era clara: ter alguns apartamentos alugados que pagassem suas contas na aposentadoria. Mas a realidade era dura. O preço de um único imóvel em sua cidade era proibitivo, e as histórias de terror que ouvia sobre inquilinos problemáticos e custos inesperados com reformas a desanimavam

Ela se sentia presa, como se essa forma de construir patrimônio fosse um clube exclusivo para quem já era rico. Foi então que, pesquisando, ela descobriu os FIIs. Com apenas R$ 100, ela comprou sua primeira cota de um fundo que possuía participações em vários shoppings centers pelo Brasil. No mês seguinte, ela recebeu na sua conta da corretora R$ 0,85 de rendimento. Pode parecer pouco, mas para Ana, foi uma revelação. *"Eu sou dona de um pedaço de um shopping e estou recebendo aluguel por isso!"*, pensou ela. Ela não precisou de milhões. Não teve que lidar com nenhum inquilino. Aquele pequeno depósito mensal mudou completamente sua perspectiva sobre o que era possível.

Os FIIs democratizaram o investimento imobiliário. Eles transformaram um mercado caro, burocrático e de baixa liquidez em algo acessível, simples e eficiente para qualquer pessoa que queira começar a construir uma fonte de renda passiva.

4.2 Tijolo vs. Papel: Os Tipos de Fundos Imobiliários

Agora que você entendeu o conceito, precisa saber que nem todos os FIIs são iguais. Assim como no mercado imobiliário tradicional existem diferentes tipos de propriedades, no universo dos FIIs também há especializações. Os dois grupos principais são os fundos de "tijolo" e os de "papel".

Fundos de Tijolo: Estes são os mais intuitivos. São fundos que investem diretamente em imóveis físicos, ou seja, em "tijolos". O objetivo deles é ganhar dinheiro principalmente com o aluguel desses espaços. Dentro desta categoria, existem várias subdivisões, como:

- **Shoppings:** Donos de participações ou da totalidade de shoppings centers. Seus inquilinos são as lojas que você frequenta.
- **Lajes Corporativas:** Possuem andares ou prédios inteiros de escritórios em grandes centros urbanos, alugados para empresas.
- **Galpões Logísticos:** Donos de enormes centros de distribuição, essenciais para o e-commerce e a indústria. Seus inquilinos são gigantes como Amazon, Magazine Luiza e outras transportadoras.
- **Híbridos:** Misturam diferentes tipos de imóveis para diversificar suas fontes de receita.

A grande vantagem dos fundos de tijolo é a tangibilidade. Você está investindo em algo concreto, que pode ver e tocar. Além disso, os imóveis tendem a se valorizar com o tempo, o que pode aumentar também o valor da sua cota.

Fundos de Papel: Esses fundos não compram imóveis, mas sim títulos de dívida do mercado imobiliário. Parece complicado, mas a lógica é simples: eles atuam como o "banco" do setor. Em vez de possuir o prédio, eles emprestam o dinheiro para quem vai construir ou comprar o prédio e recebem juros por isso.

O principal ativo desses fundos é o **CRI (Certificado de Recebíveis Imobiliários)**. Basicamente, um CRI é uma promessa de pagamento futuro, atrelada a juros e, geralmente, a um índice de inflação (como o IPCA). Assim, os rendimentos desses fundos costumam ser uma combinação de juros mais a correção da inflação, o que protege seu poder de compra.

Enquanto um fundo de tijolo ganha com o aluguel, o fundo de papel ganha com os juros dos financiamentos que ele concede ao mercado.

Fundos de Fundos (FOFs): Existe ainda uma terceira categoria, os FOFs. Como o nome sugere, são fundos que não investem nem em tijolo nem em papel diretamente, mas sim em cotas de outros FIIs. É uma forma de conseguir uma diversificação instantânea, pois com uma única cota de FOF você está exposto a dezenas de outros fundos. O ponto de atenção é que existe uma dupla camada de taxas (a do FOF e a dos fundos em que ele investe).

A Escolha de Ana vs. a Impulsividade de Beto

Ana, após entender a diferença, decidiu diversificar. Ela alocou uma parte do seu dinheiro em um fundo de galpões logísticos (tijolo), por acreditar no crescimento do e-commerce, e outra parte em um fundo de papel indexado à inflação, para proteger seu patrimônio.

Beto, por outro lado, ouviu um amigo dizer que "fundo de papel paga mais". Sem pesquisar, ele colocou todo o seu dinheiro em um único FII de papel que prometia rendimentos altíssimos. Ele ignorou que esse fundo investia em projetos de maior risco e não entendeu a importância de diversificar entre tijolo e papel para equilibrar segurança e rentabilidade. Essa decisão impulsiva o deixou muito mais exposto a riscos que ele nem sequer compreendia.

A escolha entre tijolo e papel depende dos seus objetivos. Tijolo oferece mais estabilidade e potencial de valorização do patrimônio a longo prazo. Papel tende a oferecer rendimentos mensais maiores e proteção contra a inflação. Uma carteira equilibrada, para iniciantes, geralmente contém um pouco dos dois.

4.3 Dividendos Mensais: A Beleza da Renda Passiva Isenta

Imagine receber um "salário" extra todo mês. Um dinheiro que cai na sua conta sem que você precise trabalhar ativamente por ele. Um dinheiro que, além de tudo, é livre de Imposto de Renda. Parece bom demais para ser verdade, mas é exatamente isso que os FIIs oferecem.

Por lei, os Fundos Imobiliários são obrigados a distribuir, no mínimo, 95% do lucro que geram em um semestre aos seus cotistas. Na prática, para manter um fluxo constante e atrair investidores, a grande maioria deles faz essa distribuição mensalmente.

Esses pagamentos são chamados de **dividendos** ou **rendimentos**. E aqui está a grande vantagem: para pessoas físicas, esses rendimentos são **isentos de Imposto de Renda**. O aluguel que você recebe de um imóvel físico tem uma mordida do leão que pode chegar a 27,5%. O aluguel que você recebe via FIIs, por outro lado, cai limpo na sua conta.

Essa característica torna os FIIs uma das ferramentas mais poderosas para a construção de renda passiva no Brasil.

O verdadeiro poder, no entanto, não está apenas em receber esse dinheiro, mas no que você faz com ele. Ao reinvestir os dividendos recebidos, você compra mais cotas. Essas novas cotas, por sua vez, gerarão ainda mais dividendos no mês seguinte. É o efeito "bola de neve" em ação, a mágica dos juros compostos aplicada ao mercado imobiliário.

Vamos a um exemplo simples:

- Você tem 100 cotas de um FII que custam R$ 100 cada (investimento de R$ 10.000).
- Esse fundo paga R$ 1,00 de dividendo por cota ao mês.
- No primeiro mês, você recebe: 100 cotas x R$ 1,00 = **R$ 100,00 (isentos de IR)**.
- Com esses R$ 100,00, você compra mais uma cota.
- Agora você tem 101 cotas. No mês seguinte, seu rendimento será: 101

cotas x R$ 1,00 = **R$ 101,00.**

Pode parecer pouco no início, mas some isso aos seus aportes mensais e, ao longo dos anos, o crescimento se torna exponencial. O dinheiro que seu dinheiro gera começa a trabalhar para comprar mais ativos geradores de renda. Essa é a essência da liberdade financeira.

História de Sucesso: O Café que Virou Conta de Luz

Carlos, um engenheiro de 42 anos, começou a investir em FIIs há cinco anos, sem grandes pretensões. Seu objetivo era apenas começar. Ele investia R$ 300 todos os meses, religiosamente. No início, os dividendos que recebia pagavam um café. Era cerca de R$ 2,50 por mês. Em vez de desanimar, ele achou fascinante. *"Este café foi pago pelos meus investimentos"*, pensava ele. Ele continuou aportando e reinvestindo cada centavo dos dividendos. Um ano depois, os dividendos já pagavam uma conta de streaming. Três anos depois, pagavam sua conta de internet. Hoje, cinco anos após o início, a soma dos seus dividendos mensais é suficiente para pagar integralmente suas contas de luz e água. O que começou como o preço de um café se transformou em uma economia real e tangível no seu orçamento, e a bola de neve continua a crescer.

Essa é a jornada. Ela não começa com rios de dinheiro, mas com consistência e com o poder dos dividendos mensais trabalhando a seu favor.

4.4 Analisando um FII: P/VP, Vacância e Dividend Yield

Comprar uma cota de FII é como se tornar sócio de um empreendimento imobiliário. Você não compraria um prédio sem antes verificar a localização, o estado de conservação e se os apartamentos estão alugados, certo? Da mesma forma, antes de investir em um FII, é crucial olhar para alguns indicadores-chave que funcionam como um raio-x da saúde do fundo.

Não se assuste com as siglas. Elas são muito mais simples do que parecem e podem ser encontradas facilmente em sites especializados como Status Invest ou Funds Explorer. Vamos traduzir as três mais importantes para iniciantes.

1. Dividend Yield (DY): O "Retorno do Aluguel" O DY mostra quanto o fundo distribuiu em rendimentos nos últimos 12 meses, em relação ao preço atual da sua cota. É uma porcentagem que responde à pergunta: *"Quanto receberei de 'aluguel' por ano para cada R$ 100 que eu investir neste fundo?"*

- **Cálculo:** (Soma dos dividendos pagos nos últimos 12 meses / Preço da cota) x 100.
- **Como usar:** O DY é ótimo para comparar FIIs, mas cuidado: um DY muito alto pode ser uma armadilha. Às vezes, ele é elevado porque o preço da cota caiu muito devido a algum problema no fundo. Nunca olhe para o DY isoladamente.

2. P/VP (Preço / Valor Patrimonial): Estou Pagando Caro ou Barato? Este indicador compara o preço da cota no mercado (quanto as pessoas estão pagando por ela na Bolsa) com o valor patrimonial da cota (quanto ela teoricamente vale, com base no valor contábil dos imóveis do fundo).

- **P/VP = 1:** O preço de mercado está igual ao valor patrimonial. Considerado o "preço justo".
- **P/VP > 1:** O mercado está pagando mais caro (com **ágio**) pela cota. Isso pode acontecer com fundos de alta qualidade e boa gestão.
- **P/VP < 1:** O mercado está pagando mais barato (com **deságio**). Isso pode ser uma oportunidade de comprar um bom ativo com desconto, mas também pode ser um sinal de que o fundo enfrenta problemas. É preciso investigar o porquê.

Imagine que o valor patrimonial de um imóvel é R$ 500 mil. Se você consegue comprá-lo por R$ 450 mil, seu P/VP seria de 0,90. Você estaria comprando com desconto.

3. Vacância: Os Imóveis Estão Vazios? Este indicador é crucial para os fundos de tijolo e mede a porcentagem de imóveis do fundo que estão desocupados. Existem dois tipos:

- **Vacância Física:** Mede a área bruta locável (em metros quadrados) que está vaga. Um fundo com 100.000 m^2 de área e 10.000 m^2 vagos tem uma vacância física de 10%.
- **Vacância Financeira:** Mede o impacto dessa área vaga na receita. Se o imóvel vago tem um aluguel mais caro que os outros, a vacância financeira será maior que a física.

Uma vacância baixa e controlada é sinal de um portfólio saudável e procurado. Uma vacância alta e crescente é um grande sinal de alerta, pois significa menos aluguel entrando e, consequentemente, menos dividendos para você.

A Análise Criteriosa de Ana

Ana estava em dúvida entre dois fundos de lajes corporativas. O Fundo A tinha um Dividend Yield de 12% ao ano, muito atrativo. Já o Fundo B oferecia um DY de 9%. Beto, seu amigo, diria para ir no Fundo A sem pensar. Mas Ana foi além.

Ela descobriu que o Fundo A tinha uma vacância de 30% e um P/VP de 0,80. O DY estava alto porque o preço da cota tinha despencado. O motivo? Seu principal inquilino havia anunciado a saída, e o mercado estava pessimista. Já o Fundo B tinha vacância zero, um P/VP de 1,05 e um histórico de contratos longos com empresas de primeira linha.

Ana concluiu que o Fundo A era uma aposta arriscada, enquanto o Fundo B era um investimento sólido. Ela escolheu a segurança e a previsibilidade do Fundo B, entendendo que um dividendo um pouco menor, porém mais seguro, é muito melhor do que um dividendo alto e incerto.

Analisar esses três indicadores já a colocará à frente de 90% das pessoas que investem sem critério. É o seu dever de casa como sócio.

4.5 Riscos do Setor Imobiliário e Como Mitigá-los

Nenhum investimento é uma via de mão única para o céu. Até mesmo o mercado imobiliário, que transmite uma sensação de solidez, possui seus próprios riscos. A boa notícia é que, ao conhecê-los, você pode se proteger e tomar decisões muito mais inteligentes. A chave não é evitar todo e qualquer risco, mas sim gerenciá-lo.

Vamos aos principais riscos dos FIIs e, mais importante, como mitigá-los.

1. Risco de Mercado Assim como as ações, o preço das cotas dos FIIs oscila na Bolsa de Valores. Uma crise econômica, uma mudança brusca na taxa de juros (a SELIC) ou simplesmente o pânico no mercado podem fazer o valor da sua cota cair, mesmo que os imóveis do fundo continuem alugados e gerando receita.

- **Como mitigar:** Tenha uma mentalidade de longo prazo. Flutuações de curto prazo são normais. Se você investiu em um fundo de qualidade, com bons imóveis e bons inquilinos, a tendência é que o valor se recupere e cresça com o tempo. Não se desespere e venda na baixa.

2. Risco de Vacância e Inadimplência Este é o risco mais direto para os fundos de tijolo. Se os inquilinos saem (vacância) ou deixam de pagar o aluguel (inadimplência), a receita do fundo diminui, e seus dividendos também.

- **Como mitigar:** Diversificação! Não coloque todo o seu dinheiro em um único FII. Invista em fundos com muitos imóveis e, principalmente, muitos inquilinos diferentes. Se um inquilino sair, o impacto na receita total será pequeno. Verifique também a qualidade dos inquilinos e a duração dos contratos.

3. Risco de Crédito Este é o principal risco para os fundos de papel. Se as empresas ou projetos para os quais o fundo "emprestou" dinheiro (através dos CRIs) não conseguirem pagar a dívida, o fundo pode ter um calote.

- **Como mitigar:** Escolha fundos de papel com uma carteira de CRIs bem diversificada e de boa qualidade de crédito (classificados como *high grade*). Evite fundos muito concentrados em poucos devedores ou em projetos de altíssimo risco (*high yield*), especialmente no início.

4. Risco de Gestão A equipe que administra o fundo pode tomar decisões ruins, como comprar imóveis caros e de baixa qualidade, ou não conseguir alugar os espaços vagos.

- **Como mitigar:** Pesquise o histórico da gestora. Gestoras grandes, com boa reputação e muitos anos de mercado, como Kinea, Credit Suisse (agora Pátria) e BTG Pactual, tendem a oferecer mais segurança.

História de Alerta: O Pânico da Pandemia

Em março de 2020, com o início da pandemia e o fechamento dos shoppings, o pânico tomou conta do mercado. As cotas dos FIIs de shoppings despencaram. Muitos investidores, apavorados, venderam suas posições no fundo do poço, realizando um prejuízo enorme. Eles reagiram ao risco de mercado de forma emocional.

No entanto, investidores mais experientes, que entendiam o valor daqueles ativos a longo prazo, mantiveram suas posições. Alguns até aproveitaram os preços baixos para comprar mais. Meses depois, com a reabertura da economia, as cotas não apenas se recuperaram como superaram os níveis pré-pandemia. A lição é clara: a paciência e a análise da qualidade do ativo são as melhores defesas contra o pânico do mercado.

O maior antídoto contra o risco é o conhecimento, seguido pela diversificação.

4.6 Montando Sua Primeira Carteira de FIIs

Você já entendeu o que são FIIs, os tipos que existem, a mágica dos dividendos, como analisá-los e os riscos envolvidos. Chegou a hora de colocar a mão na massa. Montar sua primeira carteira pode parecer uma tarefa complexa, mas vamos simplificá-la em um passo a passo prático e seguro.

A palavra-chave aqui é **diversificação**. Lembre-se da regra de ouro: não coloque todos os ovos na mesma cesta.

Passo 1: Defina o Percentual da Sua Carteira Antes de sair comprando, decida qual porcentagem do seu portfólio total de investimentos será alocada em FIIs. Para um perfil iniciante e moderado, algo entre 15% e 25% é um bom ponto de partida. Se você tem R$ 10.000 para investir no total, isso significaria alocar entre R$ 1.500 e R$ 2.500 em Fundos Imobiliários.

Passo 2: Comece com os Gigantes Para seus primeiros investimentos, dê preferência a fundos grandes, com alta liquidez (muita gente comprando e vendendo todo dia) e geridos por casas renomadas. Eles costumam ser mais estáveis e fáceis de acompanhar.

Passo 3: Diversifique por Setor e Tipo Não compre apenas fundos de shopping ou apenas fundos de papel. Misture os tipos para equilibrar sua carteira. Uma boa estrutura inicial para um iniciante seria:

- **40% em Fundos de Tijolo:** Escolha dois setores diferentes. Por exemplo:
- *20% em Galpões Logísticos:* Um setor resiliente e impulsionado pelo e-commerce.
- *20% em Shoppings:* Um setor mais tradicional, que se beneficia do consumo.
- **40% em Fundos de Papel:** Escolha um fundo de papel com uma carteira de CRIs diversificada e de boa qualidade (high grade), preferencialmente atrelado à inflação (IPCA).
- **20% em um Terceiro Segmento:** Pode ser um fundo de lajes corporativas, um Fundo de Fundos (FOF) para simplificar ainda mais a diversificação, ou até mesmo um fundo do agronegócio (Fiagro), que

funciona de forma similar.

Exemplo Prático de uma Primeira Carteira: Com R$ 1.000 para começar, você poderia montar algo assim (usando fundos reais e populares como exemplo, não como recomendação):

- **R$ 400 em Tijolo:**
- R$ 200 em HGLG11 (Galpões Logísticos)
- R$ 200 em XPML11 (Shoppings)
- **R$ 400 em Papel:**
- R$ 400 em KNIP11 ou IRDM11 (Fundos de Papel diversificados)
- **R$ 200 em um FOF:**
- R$ 200 em BCFF11 (um dos FOFs mais antigos e conhecidos)

Com apenas quatro ativos, você já estaria diversificado em dezenas de imóveis e títulos de dívida diferentes.

Passo 4: Aporte e Reinvista A montagem da carteira é apenas o começo. O segredo do sucesso é a consistência. Continue aportando todos os meses e, fundamentalmente, use os dividendos que você receber para comprar novas cotas, acelerando a bola de neve.

A Primeira Conquista de Ana

Seguindo esses passos, Ana fez seu primeiro investimento de R$ 500 em FIIs. Ela dividiu entre um fundo de logística e um de papel. Todo mês, ela adicionava mais R$ 200 e reinvestia os poucos reais que recebia de dividendos. Após um ano, ela já possuía cotas de cinco fundos diferentes. Sua renda mensal passiva ainda era pequena, cerca de R$ 15, mas o sentimento era de puro empoderamento. Ela não estava apenas poupando; estava construindo ativamente um patrimônio que gerava renda. Ela estava, cota por cota, pavimentando seu caminho para a tranquilidade financeira.

Resumo do Capítulo

- **O que são FIIs:** Um "condomínio" de investidores que permite a qualquer pessoa ser dona de uma fração de grandes imóveis (shoppings, galpões, prédios) e receber aluguéis mensais.
- **Tijolo vs. Papel:** Fundos de tijolo investem em imóveis físicos, enquanto fundos de papel investem em títulos de dívida do setor imobiliário. Uma carteira equilibrada tem um pouco dos dois.
- **Dividendos Mensais:** A maioria dos FIIs distribui rendimentos mensais, que são isentos de Imposto de Renda para pessoas físicas, tornando-os uma ferramenta poderosa para gerar renda passiva.
- **Principais Indicadores:** Antes de investir, analise o **Dividend Yield** (retorno do aluguel), o **P/VP** (se está caro ou barato) e a **Vacância** (se os imóveis estão ocupados).
- **Riscos e Mitigação:** Os principais riscos são de mercado, vacância e crédito. A melhor forma de se proteger é através da **diversificação** e de uma mentalidade de **longo prazo**.
- **Montando sua Carteira:** Comece definindo um percentual, escolha fundos grandes e diversifique por setores (tijolo, papel, etc.). A consistência nos aportes e o reinvestimento dos dividendos são a chave para o crescimento.

Capítulo 5: Ações – Tornando-se Sócio de Grandes Empresas

Você já imaginou ser dono de um pedacinho do banco onde tem sua conta, da empresa de energia que ilumina sua casa ou do supermercado onde faz suas compras semanais? E se eu te dissesse que, ao fazer isso, você poderia receber uma parte dos lucros que essas gigantes geram todos os anos?

Essa ideia, que pode parecer distante ou reservada apenas para milionários, é a realidade por trás do investimento em ações. É aqui que a jornada da liberdade financeira ganha velocidade e potencial. Depois de construir sua fundação sólida com a Renda Fixa, chegou a hora de aprender a se tornar sócio das maiores e mais inovadoras empresas do país e do mundo.

Neste capítulo, vamos desmistificar a Bolsa de Valores. Você vai entender que ela não é um cassino de apostas, mas um mercado de negócios. Vamos transformar o medo do desconhecido em uma estratégia clara e segura, focada no longo prazo, onde você não precisará adivinhar os movimentos do mercado, mas sim participar do crescimento de empresas de verdade.

Prepare-se para mudar sua perspectiva: você não está comprando um código que pisca na tela, está adquirindo um ativo que trabalha para você, dia e noite.

5.1 O Que é Uma Ação e Por Que Elas Sobem ou Descem

Imagine a **Bolsa de Valores** como uma grande feira livre. Em vez de barracas vendendo frutas e legumes, existem "barracas" virtuais onde se negociam pequenas fatias de grandes empresas. Uma **ação** nada mais é do que uma dessas fatias. É o menor pedaço de uma empresa que você pode comprar.

Quando você compra uma ação, por exemplo, da Ambev, você não está apenas apostando em um código na tela (ABEV3). Você está se tornando, legalmente, um sócio da companhia. Você passa a ter direito a uma pequena parte de tudo o que a empresa possui: suas fábricas, suas marcas, seus caminhões e, o mais importante, seus lucros futuros.

É uma mudança de mentalidade fundamental. Você deixa de ser apenas um consumidor para se tornar um proprietário.

Mas por que o preço dessas fatias muda todos os dias? A resposta se resume a uma das leis mais antigas da economia: a lei da oferta e da demanda.

Pense em um ingresso para a final do campeonato do seu time. Se muitas pessoas querem comprar (alta demanda) e poucos ingressos estão à venda (baixa oferta), o preço do ingresso sobe drasticamente. Se o time está em uma fase ruim e ninguém quer ir ao estádio (baixa demanda), os vendedores precisam baixar o preço para conseguir vender.

Com as ações, a lógica é a mesma. O preço sobe quando mais pessoas querem comprar do que vender. Isso geralmente acontece quando surgem boas notícias sobre a empresa:

- **Lucros crescentes:** A empresa anuncia que vendeu mais e lucrou mais do que o esperado.
- **Lançamento de um produto de sucesso:** Um novo produto inovador é lançado e se torna um sucesso de vendas.
- **Expansão do mercado:** A empresa abre filiais em outros países ou adquire um concorrente.

Basicamente, qualquer notícia que faça as pessoas acreditarem que a empresa será mais lucrativa no futuro aumenta o desejo de se tornar sócio dela, fazendo o preço da ação subir.

Por outro lado, o preço cai quando mais pessoas querem vender do que comprar. Isso ocorre por motivos opostos:

- **Resultados decepcionantes:** O lucro veio abaixo do que o mercado esperava.
- **Crise no setor:** Um novo regulamento do governo prejudica a área de atuação da empresa.
- **Má gestão ou escândalos:** Problemas internos que abalam a confiança dos investidores.

No curto prazo, essa dança de preços pode parecer caótica, influenciada por boatos, pânico e euforia. É por isso que tentar adivinhar o que vai acontecer amanhã é uma tarefa inútil e estressante.

No longo prazo, porém, a tendência é clara: o preço das ações de boas empresas tende a seguir o crescimento de seus lucros e resultados. Uma empresa que se torna cada vez mais lucrativa ao longo de uma década verá, invariavelmente, o preço de suas ações refletir esse sucesso.

É aqui que se separam os nossos personagens. Beto, o Gastador, ouve uma "dica quente" de um amigo sobre uma ação que "vai bombar" na próxima semana. Ele compra sem entender nada sobre a empresa, apenas na esperança de um lucro rápido. Na semana seguinte, uma notícia ruim faz a ação despencar e Beto vende no prejuízo, frustrado.

Ana, a Investidora, faz diferente. Ela pesquisa uma empresa do setor elétrico que tem um histórico de lucros consistentes e um serviço essencial. Ela compra algumas ações, não porque espera que subam amanhã, mas porque acredita que a empresa continuará a ser sólida e lucrativa nos próximos 10, 20 anos. Ela entende que o preço de hoje é apenas um ponto de partida em uma longa jornada.

5.2 Buy and Hold: A Estratégia de Longo Prazo para Iniciantes

Imagine que você decidiu plantar uma muda de mangueira no seu quintal. Você prepara a terra, planta com cuidado e rega. O que você faria a seguir? Provavelmente, você a deixaria em paz, regando-a periodicamente e esperando pacientemente que a natureza faça seu trabalho. Você não cavaria a terra todos os dias para ver se as raízes estão crescendo, certo? Isso só mataria a planta.

A estratégia **Buy and Hold** (Comprar e Manter) para investir em ações é exatamente isso. Consiste em escolher ações de boas empresas, comprá-las e mantê-las em sua carteira por muitos anos — idealmente, décadas —, permitindo que elas cresçam e gerem frutos ao longo do tempo.

Essa é, de longe, a abordagem mais segura, eficaz e tranquila para quem está começando. Por quê?

Primeiro, ela elimina a principal causa de estresse e prejuízo para o investidor iniciante: a tentativa de "adivinhar a hora certa". Tentar comprar na baixa e vender na alta todos os dias é uma receita para a ansiedade e, na maioria das vezes, para o fracasso. Com o Buy and Hold, seu foco muda do preço da ação *hoje* para o valor da empresa *daqui a 10 anos*.

Segundo, ela coloca o poder dos juros compostos para trabalhar a seu favor de forma espetacular. Uma empresa lucrativa tende a reinvestir parte de seus lucros para crescer ainda mais — abrindo novas lojas, desenvolvendo novos produtos, expandindo sua operação. Esse crescimento aumenta o valor da empresa e, consequentemente, o valor da sua fatia. É um ciclo virtuoso que se potencializa com o tempo.

Terceiro, essa estratégia exige menos tempo e acompanhamento. Você não precisa ficar grudado na tela do computador. Uma vez que você fez sua análise e escolheu uma empresa sólida, o trabalho mais pesado já foi feito. Basta fazer seus aportes regulares e revisar sua carteira uma ou duas vezes por ano.

História de Sucesso: A Paciência de Carlos Carlos, um professor de história, começou a investir aos 35 anos, com um objetivo simples: complementar sua aposentadoria. Todo mês, ele separava R$ 300 do seu salário e comprava ações do Itaú, um dos maiores bancos do país. Ele não entendia de gráficos nem de análises complexas, mas sua lógica era simples: "O Brasil pode ter crises, mas as pessoas sempre precisarão de um banco. E o Itaú é um dos mais sólidos". Durante 25 anos, ele nunca vendeu uma única ação. Ele viu o Brasil passar por crises econômicas, planos governamentais e bolhas de mercado. Amigos diziam que ele deveria vender quando as ações caíam, outros diziam para realizar o lucro quando subiam. Carlos simplesmente ignorou o ruído e continuou comprando, mês após mês. Hoje, aos 60 anos, o pequeno investimento mensal se transformou em um patrimônio significativo, que lhe paga dividendos generosos e garante uma aposentadoria muito mais tranquila do que ele jamais imaginou. A paciência foi sua maior aliada.

A lição de Carlos é a essência do Buy and Hold: a disciplina e a visão de longo prazo superam qualquer tentativa de ser mais esperto que o mercado. Você não está apostando em um gráfico; está se associando ao sucesso de um negócio real.

5.3 Análise Fundamentalista Básica: Lucro, Dívida e Crescimento

Se a estratégia é "comprar e manter", a pergunta mais importante se torna: "comprar o quê?". Você não plantaria qualquer semente no seu jardim; você escolheria sementes de plantas fortes e frutíferas. Da mesma forma, precisamos de um método para escolher empresas sólidas e com potencial de crescimento.

Esse método se chama **Análise Fundamentalista**. O nome pode parecer intimidante, mas a ideia é muito simples: em vez de olhar para o gráfico de preços da ação, você vai olhar para a "saúde financeira" da empresa, como um médico que analisa os exames de um paciente.

Para um iniciante, não é preciso se tornar um especialista. Você só precisa aprender a verificar três sinais vitais básicos. Todas essas informações são públicas e podem ser encontradas gratuitamente nos sites de "Relações com Investidores" (RI) das próprias empresas.

1. Lucro: A Empresa Ganha Dinheiro? Este é o ponto de partida. Uma empresa, para sobreviver e prosperar, precisa dar lucro. Verifique o histórico de **Lucro Líquido** da empresa nos últimos 5 a 10 anos. Você não está procurando por um único ano espetacular, mas por consistência.

- *Sinal Verde:* A empresa tem lucros consistentes e, idealmente, crescentes na maior parte dos anos.
- *Sinal Amarelo:* Os lucros oscilam muito, com alguns anos de lucro e

outros de prejuízo.

- *Sinal Vermelho:* A empresa dá prejuízo consistentemente, ano após ano.

2. Dívida: A Empresa Está Sob Controle Financeiro? Assim como para uma pessoa, um pouco de dívida pode ser saudável para uma empresa crescer (financiar uma nova fábrica, por exemplo). Mas dívida demais é perigoso e pode levar à falência. Um indicador simples para medir isso é a **Dívida Líquida/EBITDA**.

- **O que significa?** Sem complicar, esse número nos diz em quantos anos a empresa conseguiria pagar toda a sua dívida usando apenas o dinheiro que gera em suas operações.
- *Sinal Verde:* O indicador está abaixo de 2,5. Isso sugere uma dívida saudável e controlada.
- *Sinal Amarelo:* O indicador está entre 2,5 e 4. Requer mais atenção e análise.
- *Sinal Vermelho:* O indicador está consistentemente acima de 4. A empresa pode estar em uma situação financeira delicada.

3. Crescimento: A Empresa Tem Futuro? Aqui, saímos um pouco dos números e olhamos para o negócio em si. A empresa possui uma **vantagem competitiva**? Ou seja, algo que a protege de seus concorrentes? Pode ser uma marca muito forte (como a Coca-Cola), um custo de produção muito baixo ou a liderança em um setor essencial (como saneamento ou energia). Pergunte-se:

- O setor em que a empresa atua está crescendo ou encolhendo?
- As pessoas ainda precisarão dos produtos ou serviços desta empresa daqui a 20 anos?
- A empresa é líder ou uma das líderes em seu mercado?

Ana, nossa investidora, aplica esses três filtros. Ela encontra duas empresas de varejo. A Empresa A tem lucros crescentes, dívida baixa (1.5x) e é líder em seu nicho. A Empresa B tem prejuízos recorrentes, dívida alta (5x) e enfrenta uma concorrência brutal. Mesmo que o preço da ação da Empresa B pareça "barato", Ana sabe que está comprando um negócio problemático. A escolha pela Empresa A se torna óbvia e segura.

Lembre-se: você está comprando um negócio. Gaste um pouco de tempo para entender o que está comprando. Esse pequeno dever de casa é o que separa um investidor de um apostador.

5.4 Dividendos vs. Valorização: Dois Caminhos de Ganho

Quando você se torna sócio de uma empresa, existem duas maneiras principais de seu investimento gerar riqueza para você. Vamos voltar à analogia da árvore frutífera.

1. Valorização: Vender a Árvore Maior A primeira forma de ganhar é com a **valorização** do preço da ação. Você compra sua "muda" (a ação) por R$ 20. Com o tempo, a empresa cresce, se torna mais lucrativa e forte. Sua árvore se torna grande e frondosa. Agora, outras pessoas estão dispostas a pagar R$ 100 por ela. Se você vender, terá um lucro de R$ 80 por ação.

- **Quem faz isso?** Geralmente, empresas mais novas ou de tecnologia (como a Amazon ou o Mercado Livre em seus primeiros anos) que reinvestem 100% de seus lucros para crescer o mais rápido possível. Elas não distribuem "frutos" agora, pois estão focadas em se tornarem árvores gigantes no futuro.

2. Dividendos: Colher os Frutos Anualmente A segunda forma é através do recebimento de **dividendos**. Pense neles como os frutos que sua árvore produz a cada safra. A empresa gera lucro e decide distribuir uma parte desse lucro em dinheiro para todos os seus sócios. Esse dinheiro cai diretamente na sua conta da corretora, livre de Imposto de Renda.

- **Quem faz isso?** Geralmente, empresas já maduras e consolidadas, que não precisam mais reinvestir tanto para crescer. São como árvores grandes que já não crescem tão rápido, mas geram uma colheita abundante e previsível todos os anos. Exemplos clássicos são grandes bancos, empresas de energia elétrica e de saneamento.

Qual dos dois é melhor? Nenhum. São apenas estratégias diferentes, e a melhor carteira geralmente combina um pouco dos dois.

A verdadeira magia acontece quando você usa os dividendos recebidos para **comprar mais ações** da mesma empresa. Imagine colher as mangas da sua árvore e, em vez de comê-las, plantar suas sementes para ter mais mangueiras. Com o tempo, você terá um pomar, e a colheita será cada vez maior.

Isso se chama reinvestimento de dividendos e é a forma mais poderosa de acelerar o efeito bola de neve dos juros compostos no seu patrimônio. No início, os dividendos podem parecer pequenos — alguns reais aqui e ali. Mas, com o tempo e a disciplina de reinvestir, eles podem crescer a ponto de, um dia, pagar todas as suas contas.

Regra de Ouro: A valorização constrói o seu patrimônio. Os dividendos, quando reinvestidos, aceleram esse processo e, no futuro, podem se tornar sua fonte de renda passiva.

5.5 Home Broker: Desmistificando a Tela de Negociação

Abrir a plataforma de investimentos da sua corretora, o chamado **Home Broker**, pela primeira vez, pode ser assustador. Gráficos que piscam, números que sobem e descem, uma sopa de letrinhas e ordens. A sensação é a de entrar na cabine de um avião sem nunca ter tido uma aula de voo.

A boa notícia? Para ser um investidor de longo prazo, você só precisa conhecer três ou quatro botões. Todo o resto é ruído, feito para operadores profissionais, não para você.

Vamos simplificar a tela e focar no que realmente importa:

1. **O Código (Ticker):** Cada ativo na Bolsa tem um "apelido". Para ações, é uma combinação de quatro letras (que remetem ao nome da empresa) e um número. Ex: ITUB4 (Itaú Unibanco), VALE3 (Vale), PETR4 (Petrobras). Este é o código que você usará para encontrar a ação que deseja comprar.
2. **O "Book de Ofertas":** Aquela lista de preços e quantidades que fica mudando o tempo todo? Ignore. Ela apenas mostra as intenções de compra e venda de outros investidores em tempo real. Para a sua estratégia de longo prazo, isso é irrelevante.
3. **A Boleta de Ordem:** Esta é a única parte que você realmente precisa usar. É um pequeno formulário onde você diz ao sistema o que quer fazer. Ele sempre pedirá três informações básicas:

- **Ativo:** O código da ação (ex: VALE3).
- **Quantidade:** Quantas ações você quer comprar.
- **Preço:** Quanto você está disposto a pagar por cada ação.

Aqui, você tem duas opções simples. Uma **ordem a mercado** significa que você comprará pelo melhor preço que estiver sendo oferecido *naquele exato momento*. Uma **ordem limitada** permite que você defina um preço máximo. Ex: "Quero comprar 10 ações de VALE3, mas só se o preço for R$ 65,00 ou menos".

Para o investidor de Buy and Hold, que faz compras mensais, a ordem a mercado é geralmente a mais simples e eficiente.

Seu primeiro processo de compra será assim:

1. Acesse o Home Broker da sua corretora.
2. No campo de busca, digite o código da ação escolhida.
3. Clique em "Comprar".
4. Na boleta de ordem, preencha a quantidade e escolha "ordem a mercado".
5. Digite sua assinatura eletrônica (uma senha de segurança).
6. Clique em "Enviar Ordem".

Pronto. Em segundos, a ordem será executada e você será oficialmente sócio daquela empresa. É mais simples do que fazer uma compra online. Não deixe que uma tela complexa o impeça de dar esse passo fundamental.

5.6 O Perigo do Day Trade para Quem Está Começando

Se a estratégia de Buy and Hold é como plantar uma árvore, o **Day Trade** é como tentar pegar uma faca caindo no escuro. É a prática de comprar e vender ações no mesmo dia, buscando lucrar com as minúsculas variações de preço que ocorrem a cada segundo.

Você será bombardeado por anúncios e vídeos prometendo "viver do mercado", "ganhar R$ 1.000 por dia com o seu computador" e outras fantasias de dinheiro fácil. É fundamental que você entenda: para o investidor iniciante, o Day Trade é o caminho mais curto para a frustração e a perda de dinheiro.

Por que ele é tão perigoso?

- **As Probabilidades Estão Contra Você:** Um estudo famoso da Fundação Getúlio Vargas (FGV) analisou milhares de day traders no Brasil e concluiu que mais de 97% deles perderam dinheiro. Apenas 1,1% conseguiu ganhar mais do que um salário mínimo por mês. É estatisticamente um jogo de perdedores.
- **Custos Elevados:** Cada operação de compra e venda gera custos (taxas de corretagem e da Bolsa). Em operações curtas que buscam centavos de lucro, esses custos comem a maior parte de qualquer ganho potencial.
- **Guerra Emocional:** O Day Trade é uma montanha-russa de ganância e medo. Ele o força a tomar decisões rápidas sob pressão, o que é um prato cheio para os gatilhos mentais que levam a erros, como vender na hora errada por pânico ou arriscar demais por euforia.
- **É um Trabalho, Não um Investimento:** Traders profissionais dedicam 8 horas por dia a isso, com múltiplos monitores, softwares caros e uma profunda análise técnica. Tentar competir com eles dedicando uma hora do seu dia é como entrar em uma corrida de Fórmula 1 com um carro

popular.

Vamos revisitar nossos personagens. Beto, seduzido pela promessa de ganhos rápidos, decide tentar o Day Trade. Ele assiste a alguns vídeos, abre o Home Broker e, em sua primeira semana, perde R$ 1.500. Frustrado, ele conclui que "a Bolsa de Valores é um cassino" e desiste de investir para sempre.

Ana, por outro lado, ignora completamente esse ruído. Ela usa seu tempo livre para ler o relatório trimestral de uma das empresas em sua carteira e aproveita o resto do dia para curtir sua família. Ela sabe que a verdadeira riqueza não é construída em um dia, mas ao longo de uma vida de decisões inteligentes e pacientes.

O Day Trade não é investimento; é especulação de altíssimo risco. Seu objetivo neste livro é aprender a construir um patrimônio sólido e duradouro. Fuja de qualquer coisa que prometa o contrário.

Principais Ideias do Capítulo 5

- **Ação é um Pedaço de Empresa:** Ao comprar uma ação, você se torna sócio de um negócio real, com direito a participar de seus lucros futuros.
- **Preços Seguem os Lucros:** No curto prazo, os preços das ações são voláteis. No longo prazo, eles tendem a seguir o crescimento dos resultados da empresa.
- **Buy and Hold é o Caminho:** A estratégia de comprar ações de boas empresas e mantê-las por muitos anos é a mais segura, simples e eficaz para iniciantes.
- **Analise Antes de Comprar:** Verifique três sinais vitais da empresa: se ela dá **lucro** consistente, se sua **dívida** é controlada e se ela possui vantagens para **crescer** no futuro.
- **Dois Caminhos para o Ganho:** Você pode lucrar com a **valorização** do preço da ação ou com o recebimento de **dividendos** (parte dos lucros da empresa).

- **Não Tema o Home Broker:** A plataforma de negociação é apenas uma ferramenta. Você só precisa saber como preencher uma simples ordem de compra.
- **Fique Longe do Day Trade:** É uma atividade especulativa de altíssimo risco com chances esmagadoras de prejuízo. Foque no que funciona: o investimento de longo prazo.

Capítulo 6: Fundos de Investimento e ETFs – Terceirizando a Gestão

6.1 O Que São Fundos de Investimento e Como Funcionam as Cotas

E se você pudesse contratar um time de analistas financeiros experientes, com acesso às melhores ferramentas e informações do mercado, para cuidar do seu dinheiro? E se o custo para ter essa equipe trabalhando para você fosse menor do que o de uma assinatura de streaming? Parece bom demais para ser verdade, mas essa é exatamente a proposta de um **fundo de investimento**.

Imagine que você e um grupo de amigos decidem comprar um imóvel para alugar, mas ninguém tem o valor total sozinho. Vocês juntam o dinheiro de todos em uma "vaquinha". Com o montante, compram o apartamento. O valor do aluguel recebido é dividido entre todos, proporcionalmente a quanto cada um contribuiu.

Um fundo de investimento funciona de forma muito parecida. Ele é um "condomínio" de investidores que reúnem seus recursos para aplicar em conjunto no mercado financeiro. Em vez de comprar um imóvel, esse dinheiro é usado para comprar uma carteira diversificada de ativos, como ações, títulos de renda fixa, moedas ou até mesmo imóveis (através de fundos imobiliários, como vimos).

Nesse condomínio, existem três figuras principais:

1. **O Gestor:** É o especialista, o cérebro da operação. Ele é o profissional responsável por decidir onde o dinheiro do fundo será aplicado, comprando e vendendo ativos com o objetivo de alcançar a melhor rentabilidade possível, sempre seguindo uma estratégia pré-definida.
2. **O Administrador:** É o síndico. Ele cuida de toda a parte burocrática e operacional do fundo, como o cálculo do valor das cotas, o pagamento de taxas e a relação com os órgãos reguladores.
3. **O Cotista:** Esse é você. Ao investir em um fundo, você não compra uma ação ou um título diretamente. Você compra **cotas**, que são pequenas frações do patrimônio total do fundo.

O valor de cada cota muda diariamente, refletindo a valorização ou desvalorização dos ativos que compõem a carteira do fundo. Se o gestor fez boas escolhas e os ativos se valorizaram, o valor da sua cota sobe. Se o mercado caiu ou as escolhas não foram acertadas, o valor da cota diminui. Seu lucro (ou prejuízo) é a diferença entre o preço que você pagou pela cota e o preço que ela vale quando você decide resgatar seu dinheiro.

A grande vantagem é o acesso. Com pouco dinheiro, você consegue investir em uma carteira de ativos extremamente diversificada que seria impossível de montar sozinho, seja pelo custo ou pela complexidade. Existem fundos para todos os gostos: fundos de renda fixa, fundos de ações, fundos multimercado (que misturam diferentes tipos de ativos) e até fundos que investem apenas no exterior. É a maneira mais simples de terceirizar a gestão do seu dinheiro.

6.2 Taxas de Administração e Performance: O Custo da Comodidade

Nada nesta vida é de graça, e a expertise de um time de gestão profissional também tem seu preço. Entender os custos de um fundo de investimento é crucial, pois eles impactam diretamente a sua rentabilidade final. Ignorá-los é um dos erros mais comuns de quem está começando.

Os dois principais custos que você precisa conhecer são a **taxa de administração** e a **taxa de performance**.

A **Taxa de Administração** é o custo fixo para manter toda a estrutura do fundo funcionando. Ela remunera o gestor, o administrador e todos os outros prestadores de serviço. Essa taxa é expressa como um percentual anual (por exemplo, 2% ao ano), mas é deduzida diariamente, de forma proporcional, do patrimônio do fundo. Você não a vê sendo debitada da sua conta; ela já é descontada do valor da cota que é divulgado todos os dias. Por isso, a rentabilidade que você vê já é líquida dessa taxa.

Uma taxa de 2% pode parecer pouco, mas em um investimento que rende

10% ao ano, ela consome 20% do seu lucro. *É um custo silencioso, mas poderoso.*

A **Taxa de Performance** é um bônus pago ao gestor caso ele supere um determinado objetivo de rentabilidade. Pense nela como uma recompensa por um trabalho excepcional. Esse objetivo é chamado de *benchmark* (índice de referência), que geralmente é um indicador de mercado, como o CDI para fundos de renda fixa ou o Ibovespa para fundos de ações.

Por exemplo, um fundo de ações pode ter uma taxa de performance de 20% sobre o que exceder o Ibovespa. Se o Ibovespa subir 10% em um ano e o fundo subir 15%, o gestor entregou 5% de retorno "extra". A taxa de performance incidirá apenas sobre esses 5% excedentes. Se o fundo render menos que o Ibovespa, nenhuma taxa de performance é cobrada. É um alinhamento de interesses: o gestor só ganha mais se você ganhar bem mais também.

Vamos ver nossos personagens. Beto, o Gastador, fica animado com um fundo que rendeu 25% no ano anterior e investe sem olhar as taxas. Ele não percebe que a taxa de administração é de 3% e a de performance é de 20% sobre o que exceder o CDI. No ano seguinte, o fundo rende 12%, enquanto o CDI foi de 10%. Beto fica frustrado ao ver que seu retorno real foi bem menor do que esperava, corroído pelos altos custos.

Ana, a Investidora, age diferente. Ela compara fundos com estratégias semelhantes e sempre escolhe aqueles com as menores taxas. Ela entende que, no longo prazo, a diferença entre uma taxa de 1% e 2% é gigantesca por causa dos juros compostos. Ela sabe que pagar por performance só faz sentido se o gestor for realmente diferenciado. Ana não paga por promessas, paga por resultados comprovados e custos justos.

6.3 ETFs: A Revolução dos Fundos de Índice Passivos

E se, em vez de tentar encontrar uma agulha no palheiro — ou seja, escolher as melhores ações dentre centenas —, você pudesse simplesmente comprar o palheiro inteiro com uma única transação e um custo baixíssimo? Essa é a ideia por trás da maior revolução para o investidor pessoa física: os **ETFs (Exchange Traded Funds)**.

Traduzidos como **Fundos de Índice**, os ETFs são fundos de investimento cujas cotas são negociadas na Bolsa de Valores, como se fossem uma ação. A grande diferença deles para os fundos tradicionais está na sua estratégia de gestão: ela é **passiva**.

O que isso significa? O gestor de um ETF não tenta ser um gênio e "vencer o mercado". Seu único trabalho é replicar, da forma mais fiel possível, o desempenho de um índice de referência (o *benchmark*). Por exemplo, o ETF mais famoso do Brasil é o **BOVA11**. Ele busca replicar o desempenho do **Índice Bovespa (Ibovespa)**, que é a principal carteira teórica de ações do nosso mercado.

Ao comprar uma única cota de BOVA11, você está, na prática, investindo em uma pequena fração de todas as empresas que compõem o Ibovespa (Vale, Petrobras, Itaú, Ambev, etc.), na mesma proporção em que elas fazem parte do índice. É a diversificação instantânea levada à máxima potência.

As vantagens dessa abordagem são enormes para o investidor iniciante:

- **Custos Extremamente Baixos:** Como o gestor não precisa de uma equipe gigante de analistas para escolher ativos, as taxas de administração dos ETFs são irrisórias. Enquanto um fundo de ações ativo pode cobrar 2% ao ano, um ETF como o BOVA11 cobra cerca de 0,10%. Essa diferença, no longo prazo, é brutal para o seu patrimônio.
- **Diversificação Simples e Eficaz:** Com um único clique, você se expõe a um setor inteiro ou até a um mercado inteiro, diluindo o risco de uma única empresa ir mal.
- **Transparência Total:** Você sabe exatamente em que está investindo. A composição da carteira do ETF é pública e segue as regras do índice de referência. Não há surpresas.

História de Sucesso: O Investimento de Carlos, o Engenheiro Carlos é um engenheiro de 35 anos, casado e com uma filha pequena. Ele trabalha muito e não tem tempo nem interesse em passar horas analisando balanços de empresas. No entanto, ele sabia que precisava investir em ações para construir um futuro mais tranquilo para sua família. Após ler sobre ETFs, ele encontrou a solução perfeita. Em vez de tentar a sorte escolhendo ações, Carlos decidiu investir um valor fixo de R$ 800 todos os meses no ETF BOVA11. Ele automatizou a transferência para a corretora e a ordem de compra. Por dez anos, ele fez isso religiosamente, sem se preocupar com as notícias do jornal ou com as quedas momentâneas da bolsa. Hoje, ele tem um patrimônio significativo, construído de forma simples, disciplinada e de baixo custo. Ele não venceu o mercado, ele *se tornou* o mercado.

Os ETFs são a prova de que investir não precisa ser complicado. Eles são uma ferramenta poderosa para quem acredita no crescimento da economia no longo prazo e busca uma forma eficiente de participar desse crescimento.

6.4 Diversificação Global: Investindo no Exterior via BDRs e ETFs

Por que deixar todo o seu dinheiro refém dos altos e baixos da economia brasileira? Imagine se você pudesse, com a mesma facilidade com que compra uma ação da Petrobras, tornar-se sócio da Apple, da Google, da Amazon ou da Disney. Investir globalmente não é mais um luxo para milionários; é uma necessidade estratégica para proteger e potencializar seu patrimônio.

Concentrar todos os seus investimentos em um único país, por mais que você ame o Brasil, expõe você a riscos específicos: risco político, crises econômicas locais, desvalorização da nossa moeda. Diversificar globalmente é como construir sua casa com múltiplos pilares de sustentação. Se um pilar tremer, os outros mantêm a estrutura de pé.

Felizmente, hoje existem maneiras muito simples de fazer isso diretamente da sua corretora no Brasil, usando Reais. As duas principais são os **BDRs** e os **ETFs internacionais**.

BDRs (Brazilian Depositary Receipts) são certificados negociados na nossa bolsa, a B3, que representam ações de empresas estrangeiras. Pense neles como um "recibo" de uma ação que está guardada em um cofre no exterior. Ao comprar um BDR da Apple (AAPL34), por exemplo, você não está comprando a ação diretamente na bolsa de Nova York, mas sim um título lastreado nela. O desempenho do BDR seguirá de perto o desempenho da ação original lá fora, além da variação do dólar.

ETFs Internacionais funcionam da mesma forma que os ETFs brasileiros, mas replicam índices de mercados estrangeiros. O mais popular é o **IVVB11**, que segue o **S&P 500**, o índice que reúne as 500 maiores e mais importantes empresas dos Estados Unidos. Comprando uma única cota de IVVB11, você investe de uma só vez em gigantes como Microsoft, Tesla, Johnson & Johnson e muitas outras. É a forma mais prática e barata de dolarizar parte do seu patrimônio e apostar na força da maior economia do mundo.

Vamos voltar aos nossos personagens. Beto, o Gastador, tem 100% de seus investimentos em ativos brasileiros. Quando uma crise política derruba a bolsa local, ele entra em pânico e vende suas ações no prejuízo, com medo de perder tudo.

Ana, a Investidora, tem uma abordagem mais sofisticada. Ela aloca 20% de sua carteira de investimentos em ativos internacionais, principalmente através do ETF IVVB11. Durante a mesma crise política no Brasil, o dólar sobe. A parte dolarizada da carteira de Ana não apenas a protege da queda, como muitas vezes se valoriza, equilibrando suas perdas locais. A árvore financeira de Ana tem raízes em solos diferentes, tornando-a muito mais resiliente a tempestades locais.

6.5 Quando Vale a Pena Pagar Alguém para Investir por Você

Com a existência de ETFs baratos e eficientes, uma pergunta natural surge: ainda faz sentido pagar as taxas mais altas de um fundo de gestão ativa? A resposta é: *depende*. Pagar por uma gestão profissional pode, sim, valer a pena, mas apenas em situações específicas onde a expertise do gestor pode, de fato, gerar um valor que justifique o custo.

Um fundo de gestão ativa faz sentido quando:

1. **A Estratégia é Complexa ou de Nicho:** Existem mercados onde a informação não é tão acessível e a análise profunda pode fazer uma grande diferença. Fundos que investem em *small caps* (ações de empresas menores e com grande potencial de crescimento), em debêntures de crédito privado de alto risco ou em mercados exóticos podem se beneficiar enormemente de uma equipe de especialistas dedicados. Nesses casos, um bom gestor pode encontrar oportunidades que um ETF jamais encontraria.
2. **Você Busca Gestão Tática (Fundos Multimercado):** A grande vantagem de um fundo multimercado é a flexibilidade. O gestor pode navegar por diferentes classes de ativos — ações, juros, moedas, commodities — de acordo com o cenário econômico. Você paga pela capacidade do gestor de proteger o capital em momentos de crise e buscar lucros em momentos de otimismo. É uma terceirização não apenas da escolha dos ativos, mas da própria estratégia de alocação.
3. **Você Tem Absoluta Falta de Tempo ou Interesse:** Se você reconhece que não tem o tempo, a disciplina ou simplesmente o desejo de acompanhar o mercado, delegar essa função a um profissional pode ser uma decisão inteligente. É melhor pagar uma taxa e estar investido do que não pagar nada e deixar o dinheiro parado na poupança por medo ou inércia.

Por outro lado, provavelmente não vale a pena pagar caro por um fundo de ações que investe apenas nas empresas mais óbvias da bolsa, as chamadas *blue chips*. Nesses casos, um ETF como o BOVA11 fará um trabalho muito semelhante, ou até melhor, com um custo drasticamente menor.

A decisão final é sua. Este livro lhe dá as ferramentas para que você possa ser o piloto do seu próprio portfólio, usando ativos diretos e ETFs. Mas se, em certas áreas, você preferir contratar um piloto experiente (o gestor de um fundo ativo), faça isso de forma consciente. Entenda o que você está pagando, por que está pagando e qual o resultado esperado. O importante é que você sempre seja o dono do avião.

Passos de Ação

Principais Ideias do Capítulo:

- **Fundos de Investimento:** São como um "condomínio" de investidores, permitindo diversificação com pouco dinheiro através da compra de cotas.
- **Taxas:** A taxa de administração é o custo fixo do fundo, enquanto a taxa de performance é um bônus por resultados excepcionais. Fique atento a elas!
- **ETFs (Fundos de Índice):** Oferecem diversificação instantânea e a um custo muito baixo, pois seguem passivamente um índice de mercado, como o Ibovespa (BOVA11).
- **Investimento Global:** Usar BDRs e ETFs internacionais (como o IVVB11) é essencial para proteger seu patrimônio das crises locais e dolarizar parte dos seus investimentos.
- **Gestão Ativa vs. Passiva:** Pagar por gestão ativa pode valer a pena em estratégias complexas ou se você deseja delegar totalmente as decisões. Para estratégias simples, a gestão passiva dos ETFs costuma ser mais eficiente.

Sua Pequena Vitória da Semana:

1. **Explore sua Corretora:** Faça login na sua corretora e encontre a seção "Fundos de Investimento". Use as ferramentas de filtro para comparar fundos da mesma categoria (ex: "Ações Ibovespa Ativo") e ordene-os pela menor taxa de administração. Você vai se surpreender com a diferença.
2. **Conheça os ETFs:** Na área de negociação da sua corretora (home broker), digite os códigos **BOVA11** e **IVVB11**. Olhe seus gráficos de

preço dos últimos 5 anos. Veja como eles se comportaram.

3. **Reflita sobre seu Perfil:** Você se vê como alguém que gostaria de analisar e escolher seus próprios ativos, ou prefere a simplicidade e a automação? Não há resposta errada, mas essa clareza guiará suas próximas decisões.

Capítulo 7: Alocação de Ativos – Não Coloque Todos os Ovos na Mesma Cesta

Você já construiu sua fundação, montou sua reserva de emergência e explorou os principais tipos de investimento, da segurança da Renda Fixa à possibilidade de se tornar sócio de grandes empresas com Ações e FIIs. Agora, chegamos ao coração da estratégia de um investidor inteligente: a **Alocação de Ativos**.

Pense nisso como ser o técnico de um time de futebol. Você não coloca onze atacantes em campo, nem onze goleiros. Você escolhe jogadores com habilidades diferentes—defensores, meio-campistas, atacantes—que trabalham juntos para proteger seu gol e marcar pontos. Se um jogador tem um dia ruim, os outros compensam. Sua carteira de investimentos funciona exatamente da mesma maneira.

Este capítulo é sobre montar o seu time vencedor. Vamos aprender a combinar diferentes ativos de forma que eles se protejam, reduzam os riscos e potencializem seus ganhos no longo prazo. É aqui que a mágica da construção de patrimônio realmente acontece.

7.1 O Conceito de Correlação: Blindando Sua Carteira

Imagine que você é dono de dois negócios: uma sorveteria na praia e uma loja que vende guarda-chuvas no centro da cidade. Em um dia de sol escaldante, sua sorveteria vende como nunca, mas a loja de guarda-chuvas fica vazia. Já em uma semana chuvosa, ninguém quer sorvete, mas todos correm para comprar um guarda-chuva.

Embora um negócio sofra enquanto o outro prospera, sua renda total permanece muito mais estável do que se você dependesse apenas de um deles. Você acabou de entender, intuitivamente, o conceito de **correlação**.

Em finanças, correlação mede como dois ativos se movem em relação um ao outro.

- **Correlação Positiva:** Os ativos tendem a se mover na mesma direção. Quando um sobe, o outro tende a subir também (e vice-versa). Por exemplo, as ações de dois grandes bancos geralmente têm correlação positiva. Se a economia vai bem, ambos tendem a lucrar.

- **Correlação Negativa:** Os ativos tendem a se mover em direções opostas. Quando um sobe, o outro tende a cair. O exemplo clássico é o mercado de ações e o dólar em momentos de crise no Brasil. Quando a bolsa cai por medo ou instabilidade, investidores buscam a segurança do dólar, fazendo sua cotação subir.
- **Descorrelação:** Não há uma relação clara entre os movimentos dos dois ativos. Um pode subir, cair ou ficar estável, independentemente do que o outro faz.

O segredo para blindar sua carteira não é encontrar apenas os ativos mais rentáveis, mas combinar ativos com correlação baixa ou negativa. Por quê? Porque quando uma parte da sua carteira estiver passando por dificuldades (o que *vai* acontecer), a outra parte estará lá para segurar as pontas, estabilizando seu patrimônio e, mais importante, sua paz de espírito.

É por isso que diversificar não é apenas comprar cinco ações diferentes do setor de tecnologia. Isso seria como abrir cinco sorveterias em praias vizinhas—todas sofreriam juntas em um dia chuvoso. A verdadeira diversificação, a alocação inteligente, é combinar Renda Fixa (seu porto seguro), Ações (seu motor de crescimento), Fundos Imobiliários (sua fonte de aluguéis) e talvez até uma pequena exposição a moedas fortes ou ouro.

Quando você faz isso, cria um sistema resiliente. Uma crise que afeta a bolsa pode ser amenizada pela sua Renda Fixa atrelada aos juros. A inflação que corrói o poder de compra é combatida pelo seu Tesouro IPCA+. A queda de um setor específico da economia não destrói seu patrimônio, pois você está posicionado em vários outros.

Essa é a beleza da alocação de ativos: ela transforma o caos imprevisível do mercado em uma jornada muito mais suave e previsível para o seu dinheiro.

7.2 Definindo Seu Perfil: Conservador, Moderado ou Arrojado

Antes de decidir *quais* ativos comprar, você precisa responder a uma pergunta fundamental: quem é você como investidor? Sua jornada financeira é única, e sua estratégia deve refletir sua personalidade, seus objetivos e, principalmente, sua capacidade de dormir à noite enquanto seu dinheiro trabalha.

Pense nisso como escolher um meio de transporte para uma longa viagem. Você prefere ir de trem, em uma rota segura, previsível e com poucas surpresas? Ou prefere uma moto esportiva, que pode te levar ao destino muito mais rápido, mas exige habilidade, coragem e aceita o risco de alguns tombos no caminho? Não há resposta certa, apenas a que funciona para você.

No mercado financeiro, classificamos os investidores em três perfis principais:

1. **Perfil Conservador:**

- **Lema:** "Segurança em primeiro lugar."
- **Quem é:** O investidor conservador preza, acima de tudo, a preservação do seu capital. A ideia de perder dinheiro, mesmo que temporariamente, causa grande desconforto. Ele prefere ganhos menores, mas constantes e previsíveis.
- **Carteira Típica:** Focada majoritariamente em **Renda Fixa**, como Tesouro Selic, CDBs de bancos grandes e títulos de inflação. A exposição à Renda Variável é mínima ou inexistente.

2. Perfil Moderado:

- **Lema:** "Equilíbrio é a chave."
- **Quem é:** Este é o perfil mais comum. O investidor moderado busca um balanço entre segurança e rentabilidade. Ele entende que, para obter retornos acima da inflação, precisa assumir um pouco de risco, mas não está disposto a ver seu patrimônio sofrer grandes oscilações.

- **Carteira Típica:** Uma mistura saudável entre Renda Fixa e Renda Variável. Ele pode ter uma base sólida em títulos públicos e CDBs, mas também aloca uma parte em Ações de empresas consolidadas e Fundos Imobiliários.

3. Perfil Arrojado (ou Agressivo):

- **Lema:** "O maior risco é não correr riscos."
- **Quem é:** O investidor arrojado foca no máximo potencial de crescimento. Ele tem alta tolerância ao risco e entende que a volatilidade e as quedas no curto prazo são o preço a ser pago por retornos expressivos no longo prazo. Geralmente, é mais jovem ou já possui um patrimônio consolidado que lhe permite assumir mais riscos.
- **Carteira Típica:** Predominantemente composta por **Renda Variável**, como Ações (inclusive de empresas menores, de crescimento), FIIs e investimentos no exterior. A Renda Fixa existe, mas como uma parte menor e mais estratégica da carteira.

Para descobrir seu perfil, reflita honestamente sobre estas perguntas:

- **Se sua carteira de investimentos caísse 20% em um mês, qual seria sua reação?** (a) Venderia tudo para não perder mais. (b) Ficaria preocupado, mas manteria a estratégia. (c) Compraria mais, aproveitando os preços baixos.
- **Qual é o seu principal objetivo financeiro?** (a) Preservar meu dinheiro e me proteger da inflação. (b) Construir um patrimônio sólido para a aposentadoria. (c) Multiplicar meu capital o mais rápido possível.
- **Por quanto tempo você pode deixar seu dinheiro investido sem precisar dele?** (a) Menos de 5 anos. (b) Entre 5 e 10 anos. (c) Mais de 10 anos.

Se suas respostas foram majoritariamente "a", você tende a ser conservador. Se foram "b", moderado. Se foram "c", arrojado. Conhecer seu perfil é o seu mapa. Sem ele, você corre o risco de pegar um caminho que não te levará aonde você quer chegar ou, pior, de desistir no meio da viagem.

7.3 A Regra dos 100: Quanto Ter em Renda Fixa vs. Variável

Depois de identificar seu perfil de risco, a próxima pergunta é: "Ok, mas na prática, quanto eu coloco em cada cesta?". A beleza da alocação de ativos é que ela pode ser guiada por regras simples, que removem a emoção e a adivinhação da equação.

Uma das mais conhecidas e úteis para iniciantes é a **"Regra dos 100"**.

A lógica é muito simples: subtraia a sua idade de 100. O resultado é a porcentagem do seu portfólio que você *deveria*, em tese, alocar em investimentos de Renda Variável (Ações, FIIs, ETFs). O restante ficaria em Renda Fixa.

A fórmula é: **(100 - Sua Idade) = % em Renda Variável**

Vamos ver como funciona:

- **Ana, 25 anos:** 100 - 25 = 75. Pela regra, Ana poderia ter até 75% de sua carteira em Renda Variável e 25% em Renda Fixa.
- **Carlos, 40 anos:** 100 - 40 = 60. Carlos teria uma alocação mais equilibrada, com 60% em Renda Variável e 40% em Renda Fixa.
- **Sílvia, 60 anos:** 100 - 60 = 40. Próxima da aposentadoria, Sílvia deveria ter uma carteira mais conservadora, com apenas 40% em Renda Variável e 60% em Renda Fixa para proteger seu patrimônio.

O princípio por trás dessa regra é o **horizonte de tempo**. Uma pessoa mais jovem (como a Ana) tem décadas pela frente para trabalhar e investir. Se o mercado de ações passar por uma crise profunda, ela tem tempo de sobra para esperar a recuperação e até mesmo se beneficiar dela, comprando ativos a preços baixos. Já alguém mais velho (como a Sílvia) não tem esse luxo. Ela precisa de mais previsibilidade e segurança, pois logo dependerá daquele dinheiro para viver.

É importante dizer: a "Regra dos 100" não é uma lei imutável, mas um excelente ponto de partida.

Você pode e deve ajustá-la ao seu perfil de risco.

- Se você é **conservador**, mesmo sendo jovem, pode usar a "Regra dos 80" ou "90".
- Se você é **arrojado** e tem estômago para a volatilidade, pode usar a "Regra dos 110" ou até "120".

O mais importante é que essa regra simples te força a pensar estruturalmente sobre sua carteira. Ela cria um plano claro e te ajuda a evitar os dois erros mais comuns do iniciante: ser medroso demais e deixar todo o dinheiro na Renda Fixa, perdendo para a inflação no longo prazo; ou ser ganancioso demais e colocar tudo em Renda Variável, correndo o risco de se desesperar na primeira queda e vender tudo no prejuízo.

Use a Regra dos 100 como sua bússola inicial. Defina suas porcentagens e assuma o compromisso de segui-las. Esse simples ato de planejamento já te coloca à frente de 90% das pessoas.

7.4 Rebalanceamento: A Arte de Vender Caro e Comprar Barato

Imagine que você definiu sua alocação ideal: 60% em Renda Variável e 40% em Renda Fixa. Você monta sua carteira e a deixa seguir seu curso. Um ano depois, o mercado de ações teve um desempenho espetacular. O que aconteceu com sua carteira?

Aquela parte de 60% cresceu tanto que agora representa 75% do seu patrimônio total. Sem perceber, sua carteira se tornou muito mais arriscada do que você planejou. Você está mais exposto a uma eventual queda do que seu perfil de risco recomendaria.

É aqui que entra uma das ferramentas mais poderosas e anti-intuitivas do investidor de sucesso: o **rebalanceamento**.

Rebalancear é o ato de, periodicamente, ajustar sua carteira de volta às porcentagens originais que você definiu. No exemplo acima, você venderia uma parte das suas ações (que se valorizaram) e compraria mais ativos de Renda Fixa (que ficaram para trás) até que a proporção voltasse a ser 60/40.

"Mas por que eu venderia o que está subindo e compraria o que está parado?"

É aqui que a mágica acontece. O rebalanceamento te força a fazer, de forma automática e disciplinada, exatamente o que todo investidor sonha em fazer: **vender na alta e comprar na baixa**.

Você realiza lucros de forma sistemática nos ativos que tiveram um bom desempenho e reinveste esse lucro nos ativos que estão "em promoção" ou que não subiram tanto. Isso reduz seu risco, mantém sua estratégia nos trilhos e, ao longo do tempo, pode até aumentar sua rentabilidade.

A História de Mariana e a Crise de 2020 Mariana começou a investir em 2019 com uma alocação de 50% em Renda Fixa (Tesouro Selic) e 50% em um ETF que seguia a bolsa. Quando a pandemia estourou em março de 2020, a bolsa despencou mais de 30%. Seus amigos, que tinham 100% em ações, entraram em pânico e venderam tudo no fundo do poço, realizando perdas enormes. Mariana sentiu o medo, mas viu que sua carteira total tinha caído bem menos, cerca de 15%, pois a Renda Fixa segurou o impacto. Seguindo seu plano, ela rebalanceou: vendeu parte do seu Tesouro Selic e comprou mais cotas do ETF a preços incrivelmente baixos. Quando o mercado se recuperou nos meses seguintes, seu patrimônio não apenas voltou ao normal, como cresceu muito mais rápido, pois ela havia comprado na baixa de forma disciplinada. O rebalanceamento transformou uma crise assustadora em uma oportunidade.

Como fazer o rebalanceamento?

Existem duas formas principais:

1. **Por tempo:** Defina um período fixo, como a cada seis meses ou uma vez por ano. Nessa data, você analisa sua carteira e faz os ajustes necessários

para voltar aos percentuais originais. Para iniciantes, fazer isso uma vez por ano é simples e muito eficaz.

2. **Por desvio:** Defina uma banda de tolerância, por exemplo, 5%. Se qualquer classe de ativo (Renda Fixa ou Variável) se desviar mais de 5% da sua alocação original (ex: seus 60% em ações virarem 65%), você rebalanceia.

O rebalanceamento é seu piloto automático. Ele remove a emoção—o medo, a ganância—das suas decisões. É uma estratégia simples, mas profundamente eficaz, que garante que você se mantenha fiel ao seu plano e aproveite as flutuações do mercado a seu favor, e não contra.

7.5 Exemplo Prático de Carteira para Iniciantes (R$ 1.000, R$ 5.000, R$ 10.000)

A teoria é fundamental, mas nada substitui ver a alocação de ativos em ação. Vamos montar três exemplos de carteiras para um investidor de **perfil moderado**, com cerca de 30 anos, que usaria uma alocação de aproximadamente 60-70% em Renda Variável e 30-40% em Renda Fixa.

!Aviso Importante: Estes são exemplos puramente **didáticos** para ilustrar os conceitos do livro. Eles **NÃO** são uma recomendação de investimento. Sua carteira ideal deve ser baseada no seu perfil de risco e objetivos.

Carteira 1: Começando com R$ 1.000

Com um valor inicial menor, o foco é na simplicidade, baixo custo e máxima diversificação com poucos ativos.

- **Renda Fixa (40% - R$ 400):**
- **R$ 400 em Tesouro Selic:** Este é o pilar de segurança da sua carteira. Com liquidez diária e risco quase zero, ele serve como a parte mais estável do seu patrimônio (além da sua Reserva de Emergência, que deve estar

separada).

- **Renda Variável (60% - R$ 600):**
- **R$ 300 em Tesouro IPCA+ 2035 (ou similar):** Embora seja Renda Fixa, um título de inflação de longo prazo se comporta de forma diferente do Selic e oferece proteção real contra o aumento de preços, funcionando como um diversificador.
- **R$ 300 em um ETF de Ações (Ex: BOVA11):** Com uma única cota, você investe de forma diversificada nas principais empresas da bolsa brasileira. É a maneira mais simples e barata de começar em ações.

Carteira 2: Evoluindo com R$ 5.000

Com um pouco mais de capital, podemos adicionar novas classes de ativos para aumentar a diversificação.

- **Renda Fixa (40% - R$ 2.000):**
- **R$ 1.000 em Tesouro Selic ou CDB com liquidez diária (100% do CDI):** Mantém a base de segurança.
- **R$ 1.000 em Tesouro IPCA+ 2045:** Aumenta a exposição à proteção contra a inflação, com um prazo ainda mais longo.
- **Renda Variável (60% - R$ 3.000):**
- **R$ 1.500 em um ETF de Ações (Ex: BOVA11):** Continua sendo a forma mais eficiente de ter uma base diversificada em ações.
- **R$ 1.500 em um Fundo Imobiliário (FII) de Tijolo (Ex: HGLG11 - Logística):** Agora você adiciona uma nova fonte de renda (aluguéis mensais) e um ativo (imóveis) que tem uma correlação diferente da bolsa, aumentando a resiliência da carteira.

Carteira 3: Diversificando com R$ 10.000

Com R$ 10.000, já é possível construir uma carteira robusta, incluindo exposição internacional.

- **Renda Fixa (40% - R$ 4.000):**
- **R$ 2.000 em Tesouro Selic ou CDB 100% CDI:** A rocha da sua carteira.
- **R$ 2.000 em Tesouro IPCA+ (prazos variados):** Uma posição sólida para garantir seu poder de compra no futuro.
- **Renda Variável (60% - R$ 6.000):**
- **R$ 2.000 em FIIs (Ex: um de Logística e um de Shopping Centers):** Você diversifica dentro da própria classe de FIIs, reduzindo o risco de um único setor imobiliário.
- **R$ 2.500 em Ações individuais (3 a 4 empresas):** Em vez de usar apenas o ETF, você pode começar a escolher algumas ações de empresas líderes em setores perenes (elétrico, bancário, saneamento) para compor o núcleo da sua carteira de ações.
- **R$ 1.500 em um ETF Internacional (Ex: IVVB11):** Com este único ativo, você investe nas 500 maiores empresas dos Estados Unidos. Isso te protege do risco-Brasil e te dá exposição à maior economia do mundo, uma camada de diversificação essencial.

Esses exemplos mostram como os princípios de alocação, correlação e diversificação se materializam em uma carteira real. O segredo é começar com o que você tem, seguir um plano claro e, à medida que seu patrimônio cresce, adicionar novas camadas de diversificação de forma consciente e estratégica.

Passos de Ação

- **Entenda a Correlação:** Lembre-se da sorveteria e da loja de guarda-chuvas. O objetivo da diversificação não é ter muitos ativos, mas sim ativos que se comportam de maneiras diferentes em cenários distintos.
- **Defina Seu Perfil:** Faça o exercício de reflexão. Você é Conservador, Moderado ou Arrojado? Seja honesto consigo mesmo. Essa definição é a base de toda a sua estratégia de investimentos.
- **Calcule Sua Alocação Inicial:** Use a "Regra dos 100" (ou uma variação

dela) para obter um ponto de partida claro sobre quanto alocar em Renda Fixa e Renda Variável. Escreva esses números.

- **Comprometa-se com o Rebalanceamento:** Defina uma data no seu calendário (por exemplo, todo mês de janeiro) para revisar e rebalancear sua carteira. Essa disciplina é o que separa os amadores dos investidores de sucesso.
- **Comece com o Possível:** Não espere ter R$ 10.000 para começar. Use o exemplo de R$ 1.000 como inspiração e dê o primeiro passo hoje, mesmo que seja com menos. A ação é mais importante que a perfeição.

Capítulo 8: Psicologia do Investidor – Dominando Suas Emoções\

Você já parou para pensar que o maior risco para o seu dinheiro pode não ser a inflação, uma crise econômica ou uma má escolha de ação, mas sim a pessoa que você encara no espelho todos os dias?

Nos capítulos anteriores, nós construímos o alicerce técnico da sua jornada. Você aprendeu sobre Tesouro Direto, ações, fundos imobiliários e como montar uma carteira diversificada. Agora, vamos entrar no campo de batalha mais importante de todos: a sua mente.

Investir é 80% psicologia e 20% estratégia. Você pode ter o melhor plano do mundo, mas se não souber controlar suas emoções—o medo, a ganância, a euforia e a impaciência—, ele se tornará inútil. É aqui que investidores inteligentes perdem dinheiro e que a verdadeira riqueza é construída ou destruída.

Neste capítulo, você não vai aprender sobre um novo ativo financeiro. Vai aprender sobre o ativo mais complexo e volátil de todos: você mesmo. Vamos desvendar as armadilhas mentais que sabotam até os mais bem-intencionados e fornecer as ferramentas para que você se torne seu maior aliado, e não seu pior inimigo, no caminho para a liberdade financeira.

8.1 Efeito Manada: Por Que Seguimos a Multidão no Erro

Imagine uma savana. Um antílope levanta a cabeça, assustado, e começa a correr. Em segundos, dezenas, depois centenas de outros o seguem em uma fuga desesperada, sem sequer saber qual é o perigo. Correr com a manada é um instinto de sobrevivência gravado em nosso DNA. Na selva, ficar para trás significava a morte.

No mercado financeiro, esse mesmo instinto pode levar à sua ruína. O **Efeito Manada** é a nossa tendência de seguir as ações de um grande grupo, assumindo que, se todos estão fazendo algo, essa deve ser a decisão correta. Compramos uma ação porque "todo mundo está comprando" ou vendemos tudo em pânico porque "o mercado está derretendo".

O problema? A manada financeira quase sempre corre na direção errada.

Ela compra no pico da euforia, quando os preços já estão inflados, e vende no fundo do poço do desespero, quando os ativos estão baratos.

Lembra dos nossos personagens, Ana e Beto? Durante uma febre de ações de uma nova empresa de tecnologia, Beto ouviu colegas de trabalho e influenciadores digitais falando sem parar sobre o quanto ela iria "decolar". O medo de ficar de fora (*FOMO - Fear Of Missing Out*) foi mais forte. Sem fazer nenhuma pesquisa, ele pegou uma parte significativa de suas economias e comprou as ações no preço mais alto. Poucos meses depois, a bolha estourou e ele perdeu 40% do seu dinheiro. Ele seguiu a manada direto para o penhasco.

Ana, por outro lado, também ouviu o barulho. Mas, em vez de agir por impulso, ela se perguntou: *"Eu entendo o modelo de negócio desta empresa? Ela tem lucro? O preço atual faz sentido ou é apenas especulação?"*. Como as respostas não eram claras, ela decidiu ficar de fora e seguir seu plano original de aportes mensais em ativos que ela já havia estudado. Ela não sentiu a euforia da alta, mas também evitou a dor da queda devastadora.

Resistir ao Efeito Manada exige coragem e um plano. Antes de tomar qualquer decisão baseada no que a multidão está fazendo, pare e respire. Pergunte-se:

- Estou investindo nisso porque entendo o seu valor fundamental ou porque tenho medo de ficar para trás?
- Se ninguém estivesse falando sobre este ativo, eu ainda o consideraria uma boa oportunidade?
- Esta decisão está alinhada com meus objetivos de longo prazo?

Lembre-se da famosa frase de Warren Buffett: "Tenha medo quando os outros estão gananciosos e seja ganancioso quando os outros estão com medo." A verdadeira oportunidade raramente está no centro do alvoroço.

8.2 Aversão à Perda: Por Que a Dor de Perder é Maior que o Prazer de Ganhar

Responda rápido: o que tem maior impacto emocional em você, encontrar R$100 na rua ou perceber que perdeu R$100 que estavam no seu bolso?

Para a maioria esmagadora das pessoas, a dor de perder é muito mais intensa que a alegria de ganhar uma quantia equivalente. Estudos de economia comportamental, liderados por Daniel Kahneman e Amos Tversky, mostraram que o impacto psicológico de uma perda é cerca de duas vezes mais forte que o prazer de um ganho. Isso é a **Aversão à Perda**.

Essa assimetria emocional nos transforma em péssimos tomadores de decisão. Ela nos faz:

1. **Segurar investimentos perdedores por tempo demais:** Nós nos apegamos a uma ação ou fundo que está em queda, pensando: *"Só vou vender quando voltar ao preço que paguei"*. Admitir a perda e vender seria como oficializar o prejuízo, o que é psicologicamente doloroso. Preferimos manter a esperança irracional, mesmo que a empresa tenha perdido seus fundamentos, transformando uma pequena perda em uma perda catastrófica.
2. **Vender investimentos vencedores cedo demais:** Quando uma ação que compramos sobe 20%, o medo de "devolver" esse lucro nos faz vender rapidamente para "garantir o ganho". Travamos um pequeno lucro e saímos do jogo, perdendo todo o potencial de valorização que poderia vir nos anos seguintes.

Beto comprou ações de uma varejista que, após um tempo, começou a apresentar resultados ruins e seu preço caiu 30%. Em vez de analisar friamente se a empresa ainda era um bom negócio, ele se recusou a vender. "Não vou realizar esse prejuízo!", dizia a si mesmo. Ele assistiu a ação cair mais 20%, enquanto o dinheiro poderia ter sido realocado para um ativo com muito mais potencial.

Enquanto isso, Ana tinha um pequeno percentual de sua carteira em uma empresa que não performou como ela esperava. Ela reavaliou os fundamentos, concluiu que a tese de investimento havia mudado e vendeu, aceitando uma perda de 10%. Foi desagradável? Sim. Mas foi uma decisão racional. Com o dinheiro, ela comprou mais cotas de um Fundo Imobiliário sólido que estava em seu radar, e que, no longo prazo, mais do que compensou a pequena perda inicial.

Para combater a Aversão à Perda, você precisa de um sistema:

- **Defina critérios de venda:** Antes mesmo de comprar um ativo, defina por que você o venderia. Seria se o lucro caísse por três trimestres seguidos? Se a dívida atingisse um certo patamar? Ter regras claras remove a emoção da decisão.
- **Use a pergunta do "dinheiro novo":** Se você tem um ativo em queda, pergunte-se: "Se eu recebesse o valor desse investimento em dinheiro hoje, eu o compraria novamente?". Se a resposta for não, você já sabe o que fazer.
- **Foque no portfólio total:** Não se apegue a um único ativo. O que importa é o desempenho geral da sua carteira. Perdas pequenas e controladas são o custo de se fazer negócios no mundo dos investimentos.

8.3 Viés da Confirmação: O Perigo de Só Ler o Que Concordamos

Você já decidiu comprar um novo celular e, de repente, começou a ver anúncios e reviews positivos sobre aquele exato modelo em todos os lugares? Isso não é mágica, é o seu cérebro trabalhando contra você.

O **Viés da Confirmação** é a tendência natural de buscar, interpretar e lembrar de informações que confirmam crenças que já temos, enquanto ignoramos ou desvalorizamos ativamente qualquer evidência que as contradiga. É como usar um par de óculos que só permite enxergar o que queremos ver.

No mundo dos investimentos, isso é um veneno. Se você decide que a Empresa X é uma ótima compra, seu cérebro vai filtrar o universo de informações para lhe provar que você está certo. Você vai dar mais peso àquele relatório otimista, àquela notícia positiva, ao comentário daquele analista que concorda com você. E aquela análise que aponta riscos graves na dívida da empresa? *Ah, isso é só um pessimista querendo chamar a atenção.*

Beto se apaixonou pela história de uma empresa. Ele acreditava tanto no potencial dela que montou uma "bolha" de informação ao seu redor. Ele seguia apenas influenciadores que falavam bem da ação, lia apenas os relatórios com recomendação de "compra" e frequentava fóruns onde todos compartilhavam da mesma euforia. Ele se sentia um gênio, validado por sua câmara de eco. Qualquer sinal de alerta era descartado. O resultado? Ele foi pego de surpresa quando a empresa divulgou um balanço terrível, algo que os analistas mais céticos já vinham alertando há meses.

A estratégia de Ana é o oposto. Antes de investir em qualquer ativo, ela assume o papel de "advogada do diabo". Ela procura ativamente pelas razões para *não* investir. Ela lê os relatórios com recomendação de "venda", busca artigos sobre os riscos do setor e tenta entender qual é o pior cenário possível. Somente depois de pesar os argumentos contrários e ainda assim se sentir confiante, ela aperta o botão de comprar. Ela não busca validação, busca a verdade.

Para se proteger do Viés da Confirmação:

- **Busque ativamente a opinião contrária:** Antes de investir, faça um esforço consciente para encontrar três boas razões para *não* fazer aquele investimento.
- **Siga pessoas de quem você discorda:** Tenha em suas fontes de informação analistas e investidores com teses e visões de mundo diferentes da sua. Isso não significa que você deve segui-los, mas sim entender seus argumentos.
- **Escreva sua tese de investimento:** Coloque no papel por que você está comprando um ativo. Isso o força a organizar suas ideias de forma lógica

e torna mais fácil comparar seus motivos com eventuais fatos novos que contradigam sua crença inicial.

8.4 Disciplina e Paciência: As Verdadeiras Ferramentas da Riqueza

Se os vieses comportamentais são os vilões da nossa história, a disciplina e a paciência são os super-heróis. Eles não são glamorosos. Não aparecem nas manchetes. Mas são eles que, no final, salvam o dia.

Construir patrimônio não é uma corrida de 100 metros; é uma maratona. Não se trata de encontrar a "ação do milhão" ou de acertar o timing perfeito do mercado (algo que nem os profissionais conseguem fazer consistentemente). Trata-se de executar um plano simples, de forma repetida e consistente, por um longo, longo tempo.

É aqui que a metáfora de plantar uma árvore se encaixa perfeitamente. Você não planta uma semente e fica cavando a terra todos os dias para ver se as raízes estão crescendo. Você planta, rega, protege e confia no processo. O crescimento é lento, quase imperceptível no dia a dia, mas, ao longo dos anos, aquela pequena semente se transforma em uma árvore robusta.

História de Sucesso: A Disciplina de Carla

Conheça a Carla, uma enfermeira de 35 anos. Ela nunca se interessou em decifrar gráficos complexos ou em encontrar a próxima empresa revolucionária. Seu plano era o que muitos chamariam de "sem graça". Durante os últimos 10 anos, ela investiu R$500 todos os meses, sem falhar, em um ETF que replica o principal índice da bolsa de valores.

Nos meses em que o mercado caía e seus amigos entravam em pânico, ela comprava. Nos meses de euforia, quando todos buscavam atalhos, ela comprava. Ela automatizou a transferência e o investimento, transformando a construção de riqueza em um hábito, como escovar os dentes. Hoje, seu patrimônio, construído com disciplina e paciência, ultrapassou o de muitos colegas que viviam pulando de "dica quente" em "dica quente". A arma secreta de Carla não foi a genialidade, foi a consistência.

A disciplina é o que faz você aportar dinheiro todos os meses, mesmo quando preferiria gastá-lo com outra coisa. É o que o impede de seguir a manada ou de vender tudo em pânico.

A paciência é o que permite que os juros compostos façam sua mágica. É a habilidade de pensar em décadas, não em dias.

Como cultivar essas virtudes?

- **Automatize tudo:** A melhor forma de garantir a disciplina é removê-la da equação. Programe transferências automáticas da sua conta corrente para a corretora e, se possível, agende os próprios investimentos.
- **Tenha um plano por escrito:** Um documento simples que diz "Meus objetivos são X, Y, Z, e para alcançá-los, investirei R$XXX por mês nos seguintes ativos..." serve como uma âncora em mares turbulentos.
- **Diminua a frequência com que você olha seu portfólio:** Olhar a cotação todos os dias só gera ansiedade e aumenta a tentação de tomar decisões precipitadas. Checar uma vez por mês ou por trimestre é mais do que suficiente.

8.5 Como Manter a Calma Durante Crises e Quedas de Mercado

O mercado está em queda livre. O jornal da noite abre com manchetes catastróficas. Seu aplicativo da corretora mostra seu patrimônio 20% menor do que era no mês passado. Seu estômago revira. Seu coração acelera. A vontade de apertar o botão "VENDER TUDO" é quase incontrolável.

Bem-vindo a uma crise de mercado. Elas aconteceram no passado e vão acontecer de novo. Não são uma falha no sistema; são uma característica dele. A forma como você se comporta nesses momentos definirá, mais do que qualquer outra coisa, seu sucesso como investidor.

Vender no fundo do poço por pânico é o erro número um e o principal destruidor de riqueza para investidores iniciantes. Você transforma uma perda temporária, de papel, em uma perda permanente e real.

Em uma crise, Beto entra em desespero. Ele atualiza o home broker a cada cinco minutos, vendo seu dinheiro "derreter". O medo se torna insuportável. Ele vende tudo, jurando nunca mais voltar para a bolsa. Ao fazer isso, ele vendeu seus ativos de qualidade no momento em que estavam mais baratos e nunca participou da recuperação que, historicamente, sempre vem depois.

Ana, por outro lado, já esperava por isso. Ela sabia que as quedas viriam. A reação dela é completamente diferente. Primeiro, ela *evita* olhar a cotação. Ela sabe que possui ações de boas empresas e cotas de bons fundos. Segundo, ela se lembra do seu horizonte de tempo—ela está investindo para daqui a 20 ou 30 anos, não para o próximo mês. Terceiro, e mais importante, ela encara a crise como uma oportunidade. É uma grande liquidação. As mesmas empresas excelentes que ela já possuía estão agora "em promoção". Ela usa parte do seu caixa e faz um aporte extra, comprando mais ativos a preços baixos.

Anos depois, a carteira de Ana não apenas se recuperou, como atingiu novos patamares. Beto, por sua vez, ainda espera o "momento certo" para voltar, um momento que nunca chega.

Para sobreviver e prosperar nas crises, prepare-se agora:

1. **Tenha uma Reserva de Emergência sólida:** Esta é sua principal defesa. Com uma reserva robusta, você não será forçado a vender seus investimentos em um momento ruim para cobrir uma despesa inesperada.
2. **Lembre-se da história:** Estude os gráficos de crises passadas (2008, 2020). Todas elas pareciam o fim do mundo na época, mas foram seguidas por recuperações e novas máximas. A história não se repete exatamente, mas rima.
3. **Desligue o ruído:** O noticiário financeiro vive de cliques e audiência, e o medo vende. Durante uma crise, reduza seu consumo de notícias

sensacionalistas.

4. **Revisite seu plano, não suas posições:** Em vez de olhar para os preços caindo, leia novamente o plano que você escreveu quando estava calmo e racional. Lembre-se dos seus porquês.
5. **Se tiver estômago e caixa, compre:** Seus maiores retornos virão das compras que você fizer quando todos ao seu redor estiverem em pânico.

Dominar suas emoções é a habilidade final do investidor. É o que separa o amador do profissional, o ansioso do tranquilo, o pobre do rico.

Principais Ideias do Capítulo

- **Seu maior inimigo é você mesmo:** A psicologia do investidor é mais importante do que a análise técnica. Controlar suas emoções é a chave para o sucesso a longo prazo.
- **Fuja da Manada:** Não compre ou venda um ativo apenas porque todos estão fazendo isso. A multidão geralmente está errada nos momentos mais críticos. Tenha um plano e siga-o.
- **A dor da perda é poderosa:** Estamos programados para sentir mais a dor de perder do que o prazer de ganhar. Isso nos leva a segurar ativos ruins por muito tempo e vender os bons cedo demais. Crie regras para combater esse viés.
- **Cuidado com sua bolha:** O Viés da Confirmação nos faz buscar apenas informações que validam nossas crenças. Busque ativamente opiniões contrárias antes de tomar uma decisão.
- **Abrace o tédio:** Riqueza é construída com disciplina (aportar sempre) e paciência (esperar o tempo agir). Automatize seus investimentos para garantir a consistência.
- **Crises são oportunidades disfarçadas:** As quedas de mercado são inevitáveis e fazem parte do processo. Mantenha a calma, lembre-se de seus objetivos de longo prazo e, se possível, veja as baixas como uma promoção para comprar mais.

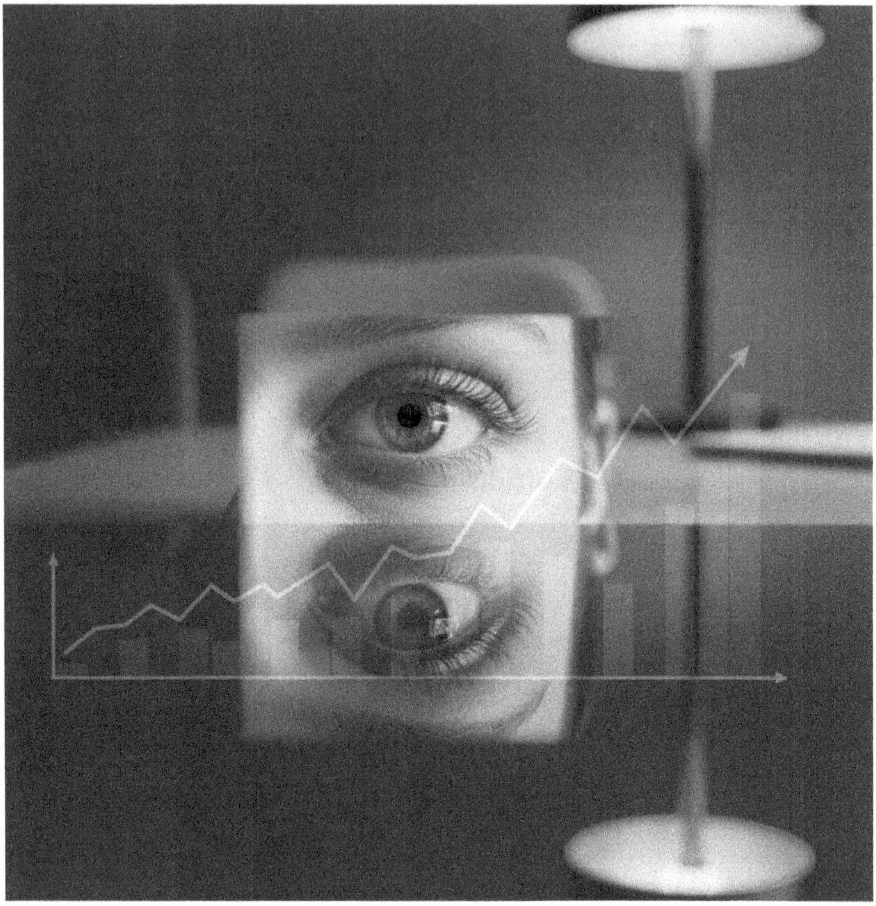

Capítulo 9: Burocracia Necessária – Impostos e Corretoras

9.1 Como Escolher uma Corretora de Valores Confiável

Você confiaria seu dinheiro a um banco desconhecido, sem agência física e com um site que parece ter sido feito nos anos 90? Provavelmente não. A escolha de uma corretora de valores segue a mesma lógica. Pense nela como um supermercado de investimentos: é a ponte que conecta você aos produtos financeiros, como títulos do Tesouro, ações e fundos imobiliários. Sem ela, você simplesmente não consegue comprar nada. Mas, com tantas opções disponíveis, como saber qual é a "prateleira" certa e, mais importante, a mais segura?

A primeira e mais paralisante dúvida do iniciante é: *"E se a corretora quebrar? Vou perder tudo?"*. É um medo legítimo, mas que pode ser facilmente apaziguado com informação. A maioria dos seus investimentos, como ações e títulos do Tesouro Direto, são registrados no seu CPF. Isso significa que eles são *seus*, não da corretora. Se ela vier a falir, seus ativos permanecem intactos e você pode simplesmente solicitar a transferência para outra instituição. É um processo chamado portabilidade de custódia.

Para investimentos como CDBs, LCIs e LCAs, você conta com a proteção do **FGC (Fundo Garantidor de Créditos)**, uma espécie de seguro que cobre até R$ 250.000 por CPF e por instituição financeira em caso de problemas. Portanto, o primeiro critério é indiscutível: a corretora deve ser regulada pelo Banco Central do Brasil e pela CVM (Comissão de Valores Mobiliários). Essa informação é pública e fácil de verificar no site das instituições.

Com a segurança resolvida, vamos aos fatores práticos que farão diferença no seu dia a dia:

- **Taxa Zero:** Anos atrás, investidores pagavam taxas para quase tudo. Hoje, a competição acirrada beneficiou você. A maioria das grandes corretoras oferece taxa zero para custódia (guardar seus investimentos), para investir no Tesouro Direto e para negociar ações e fundos imobiliários. Não há motivo para pagar por esses serviços básicos hoje em dia.

- **Plataforma Amigável:** Você não precisa ser um expert em tecnologia para investir. Uma boa corretora deve ter um aplicativo e um site intuitivos, onde você consegue encontrar o que procura, fazer um investimento e consultar seu patrimônio sem dor de cabeça. Se a plataforma parece um painel de avião, talvez não seja a melhor para começar.
- **Atendimento ao Cliente:** Você espera nunca precisar, mas, se um dia tiver uma dúvida ou um problema, vai querer falar com alguém que resolva. Pesquise a reputação do atendimento da corretora em sites de avaliação. Um bom suporte pode economizar muito estresse.
- **Variedade de Produtos:** No início, você provavelmente buscará o básico: Tesouro Direto, alguns CDBs. Mas, à medida que sua confiança cresce, é bom ter uma corretora com uma "prateleira" bem abastecida de outros fundos, ações e produtos para quando você decidir diversificar.

História de Sucesso: O Fim da Paralisia de Carlos Carlos, um engenheiro de 34 anos, passou seis meses lendo sobre investimentos. Ele sabia a teoria, mas estava travado na prática. A escolha da corretora parecia uma decisão monumental. Cansado de procrastinar, ele criou uma checklist simples com os critérios acima: segurança, taxa zero e boas avaliações do aplicativo. Em 20 minutos de pesquisa, ele escolheu uma das maiores do mercado, abriu sua conta pelo celular e, no dia seguinte, comprou sua primeira fração de um título do Tesouro Selic com R$ 150. A sensação não foi de ter ficado rico, mas de ter finalmente assumido o controle. O maior obstáculo havia sido vencido.

A escolha da corretora não precisa ser um casamento eterno. Comece com uma que lhe passe confiança e simplicidade. O mais importante é dar o primeiro passo.

9.2 Imposto de Renda: O Que Você Precisa Declarar e Pagar

Se existe uma sigla que causa calafrios em mais brasileiros do que qualquer filme de terror, essa sigla é "IR". A simples menção ao Imposto de Renda evoca imagens de formulários complexos, regras indecifráveis e o medo de cair na malha fina. Para muitos, esse receio é um portão de ferro trancado no caminho dos investimentos. Mas eu quero lhe entregar a chave: para o investidor iniciante, a declaração é muito mais sobre organização do que sobre matemática complexa. O Leão não é tão feio quanto pintam.

Primeiro, vamos esclarecer a diferença fundamental entre *declarar* e *pagar*.

Declarar é simplesmente informar à Receita Federal o que você possui. É como fazer um inventário do seu patrimônio e dos seus rendimentos no ano anterior. Se você tinha mais de R$ 300 mil em bens (incluindo imóveis, carros e investimentos) ou se operou na Bolsa de Valores (comprou uma única ação ou cota de FII), por exemplo, você já é obrigado a declarar.

Pagar imposto é o ato de entregar uma parte do seu *lucro* ao governo. Você não paga imposto sobre o valor total que investiu, apenas sobre o ganho que obteve com ele.

A declaração anual, feita geralmente entre março e maio, tem algumas seções principais que você precisa conhecer:

1. **Ficha de Bens e Direitos:** Aqui você lista tudo o que possuía em 31 de dezembro do ano anterior. Se você comprou títulos do Tesouro Direto, ações da Petrobras ou cotas de um fundo imobiliário, é aqui que eles entram. Você informará o ativo, a quantidade e o **custo de aquisição** (quanto você pagou por ele). Você não informa a valorização aqui, apenas o "preço de etiqueta".
2. **Ficha de Rendimentos Isentos e Não Tributáveis:** O nome já diz tudo. Aqui entram os lucros que o governo não tributa. Os exemplos mais comuns para você serão os dividendos recebidos de fundos imobiliários, os dividendos de ações e os rendimentos de investimentos como LCI, LCA e caderneta de poupança.

3. **Ficha de Rendimentos Sujeitos à Tributação Exclusiva/Definitiva:** Aqui entram os rendimentos de investimentos de renda fixa, como Tesouro Direto e CDBs. O termo "tributação exclusiva" soa complicado, mas significa algo bom: o imposto já foi retido na fonte pela corretora quando você resgatou o dinheiro. Você só precisa informar o valor que já caiu líquido na sua conta.

A boa notícia é que sua corretora e seu banco são obrigados a fornecer um documento chamado **Informe de Rendimentos**. Esse relatório é um mapa do tesouro para sua declaração. Ele vem com praticamente todos os números e informações de que você precisa, já separados nos campos corretos. Na maioria das vezes, seu trabalho será copiar e colar esses dados no programa da Receita.

História de Sucesso: A Paz de Espírito de Mariana Mariana, uma publicitária de 29 anos, sempre deixou seu dinheiro na poupança. Sua maior desculpa era o pavor do Imposto de Renda. "Já é complicado declarar meu salário, imagine com investimentos", dizia ela. Um amigo a convenceu a investir R$ 500 em um CDB de seu banco. No ano seguinte, na época da declaração, ela baixou o informe de rendimentos e viu que o documento dizia exatamente onde colocar cada informação. Em menos de 10 minutos, ela preencheu as informações do investimento. A sensação de alívio e empoderamento foi tão grande que, naquele mesmo dia, ela transferiu uma parte maior de suas economias para investimentos mais rentáveis. O monstro do IR havia se tornado um simples exercício de organização.

Não deixe o medo da burocracia impedir seu crescimento financeiro. Comece pequeno, organize-se e veja como o processo se torna mais simples a cada ano.

9.3 DARF e Isenções: Regras Básicas para Ações e FIIs

Você já entendeu que precisa declarar seus investimentos anualmente. Mas e quando você vende um ativo? É aí que entra em cena outra sigla famosa: **DARF (Documento de Arrecadação de Receitas Federais)**. Pense no DARF como um boleto que você mesmo gera para pagar o imposto sobre o lucro de uma venda.

A ideia de ter que calcular e pagar um imposto por conta própria pode assustar, mas a realidade é que, para o investidor iniciante de longo prazo, isso será uma ocorrência rara, graças a algumas regras muito importantes.

Ações: A Regra de Ouro dos R$ 20.000

Para incentivar pequenos investidores, a Receita Federal criou uma regra de isenção fantástica para a venda de ações no mercado à vista (o mercado comum). Se o **valor total das suas vendas** de ações em um determinado mês for inferior a R$ 20.000,00, qualquer lucro que você tiver nessas vendas é **isento** de Imposto de Renda.

Vamos deixar isso bem claro:

- Não é R$ 20.000 de lucro, é R$ 20.000 de **venda**.
- Se em maio você vendeu R$ 10.000 em ações do Banco do Brasil e R$ 9.000 em ações da Vale, seu total de vendas foi R$ 19.000. Como está abaixo do limite, o lucro é isento. Você não precisa pagar DARF.
- Se em junho você vender R$ 21.000 em ações, aí sim, você precisará calcular o lucro sobre *toda* essa venda e pagar 15% de imposto sobre ele via DARF.

Essa regra *não se aplica* a operações de **Day Trade** (comprar e vender a mesma ação no mesmo dia), BDRs ou ETFs. Para esses, qualquer lucro é tributado.

Fundos Imobiliários (FIIs): Sem Isenção na Venda

Aqui a regra é mais direta: **não há limite de isenção para a venda de cotas de FIIs.** Se você comprar uma cota por R$ 100 e vender por R$ 101, terá

R$ 1 de lucro. Sobre esse R$ 1, incide uma alíquota de 20% de imposto. Sim, qualquer lucro, por menor que seja, é tributável e exige o pagamento de DARF.

Como Calcular e Pagar o DARF

Se você se enquadrar em uma situação que exige o pagamento, o processo é o seguinte:

1. **Calcule o Lucro:** Preço de Venda - (Custo de Aquisição + Taxas de Corretagem).
2. **Calcule o Imposto:** Aplique a alíquota sobre o lucro (15% para ações em vendas acima de R$ 20 mil, 20% para FIIs).
3. **Gere o DARF:** Utilize o programa Sicalc Web, da Receita Federal. É um sistema online onde você preenche seus dados, o valor do imposto e ele gera o boleto. O código para ganho de capital na bolsa é "6015".
4. **Pague o Boleto:** O pagamento deve ser feito até o último dia útil do mês seguinte ao da venda. Se vendeu em maio, pague até o final de junho.

História de Sucesso: O Primeiro DARF de João João, um jovem de 25 anos, precisou vender algumas cotas de FIIs para pagar um curso. Ele obteve um lucro de R$ 80. Ele sabia que precisava pagar o imposto e ficou apreensivo. Buscou um tutorial simples na internet, abriu o Sicalc Web e, em menos de cinco minutos, gerou o DARF de R$ 16 (20% de R$ 80). Pagou pelo aplicativo do banco como qualquer outra conta. Aquele pequeno ato o fez sentir-se um investidor de verdade, alguém que não apenas compra ativos, mas também entende e cumpre suas obrigações. A burocracia, antes um fantasma, tornou-se apenas mais um passo no processo.

Para o investidor de longo prazo, que compra e raramente vende, o DARF será uma preocupação esporádica. O mais importante é conhecer as regras para não ser pego de surpresa.

9.4 Organização Documental: Facilitando a Vida do Seu "Eu" Futuro

Imagine chegar em março para declarar seu Imposto de Renda e não ter a menor ideia de quantas ações comprou, por qual preço ou quando as vendeu. Seria como tentar montar um quebra-cabeça gigante com as peças espalhadas pela casa e sem a imagem da caixa para se guiar. A organização documental não é a parte mais emocionante de investir, mas é a fundação que garante sua paz de espírito e evita dores de cabeça com o Fisco.

Trate a organização como um presente para o seu "eu" futuro. Um pequeno esforço hoje poupará horas de estresse amanhã. Felizmente, você não precisa de um sistema complexo. Uma simples planilha e uma pasta na nuvem resolvem 99% do problema.

Sua Ferramenta Principal: A Planilha de Controle

Crie uma planilha simples (no Excel ou Google Sheets) para registrar cada operação de compra e venda. Ela deve conter, no mínimo, as seguintes colunas:

- **Data da Operação:** O dia em que você comprou ou vendeu.
- **Ativo:** O código de negociação (ex: PETR4, MXRF11).
- **Tipo:** Compra ou Venda.
- **Quantidade:** Número de ações ou cotas.
- **Preço Unitário:** O valor pago ou recebido por cada unidade.
- **Custos:** O valor da taxa de corretagem e outras taxas da bolsa (geralmente detalhadas na nota de corretagem).
- **Custo Total / Valor da Venda:** O valor final da operação.

Essa planilha será sua fonte da verdade. Com ela, você calcula facilmente seu **preço médio** de aquisição (fundamental para apurar o lucro na venda) e tem todo o histórico para preencher sua declaração de IR.

O Arquivo Essencial: Notas de Corretagem

Toda vez que você compra ou vende um ativo na bolsa, a corretora gera um documento oficial chamado **Nota de Corretagem**. Pense nela como a nota fiscal da sua operação. Ela contém todos os detalhes: o ativo, a quantidade, o preço, as taxas. É a prova documental de tudo o que você fez.

Crie uma pasta em um serviço de nuvem (Google Drive, Dropbox, OneDrive) chamada "Investimentos 2024" e salve todas as notas de corretagem lá, organizadas por mês. Isso é crucial, pois a Receita Federal pode solicitar esses comprovantes por até cinco anos.

Os Aliados Anuais: Informes de Rendimentos

Como já mencionamos, em fevereiro ou março de cada ano, seus bancos e corretoras disponibilizam os Informes de Rendimentos. Eles consolidam os dividendos recebidos, os rendimentos de renda fixa e sua posição em custódia. Faça o download de todos e guarde-os na mesma pasta na nuvem. Eles são o resumo perfeito para sua declaração.

História de Sucesso: A Declaração em 60 Minutos de Cláudia Cláudia sempre entrava em pânico na época do IR. Era um fim de semana inteiro caçando papéis e extratos. Em seu primeiro ano como investidora, ela decidiu fazer diferente. Após cada compra, ela gastava dois minutos para atualizar sua planilha e salvar a nota de corretagem. Quando a época da declaração chegou, ela sentou-se com sua planilha, seus informes e uma xícara de café. Em menos de uma hora, tudo estava preenchido, sem estresse e com a certeza de que tudo estava correto. A organização transformou uma tarefa temida em uma simples formalidade.

Sua jornada financeira será longa. Construa bons hábitos de organização desde o início. Seu futuro agradecerá imensamente.

9.5 Golpes Financeiros: Como Identificar Pirâmides e Fraudes

No mundo dos investimentos, a estrada para a liberdade financeira é pavimentada com disciplina, paciência e juros compostos. É uma maratona, não uma corrida de 100 metros. No entanto, sempre haverá pessoas na beira da estrada oferecendo "atalhos mágicos" — veículos supervelozes que prometem levá-lo ao destino em tempo recorde. Esses atalhos são os golpes financeiros, e eles quase sempre terminam com o carro quebrado e o bolso vazio.

A principal arma para se proteger não é ser um gênio das finanças, mas sim desenvolver um ceticismo saudável e aprender a identificar os sinais de alerta. Se algo parece bom demais para ser verdade, quase certamente é. Golpistas são mestres em explorar duas das emoções humanas mais poderosas: a ganância e o medo de ficar de fora.

Fique atento a estes sinais vermelhos clássicos que gritam "PERIGO!":

- **Promessas de Lucro Alto, Rápido e Garantido:** Este é o principal sinal de alerta. No mercado financeiro legítimo, existe uma lei de ferro: **risco e retorno andam juntos.** Para ter a chance de um retorno alto, você precisa aceitar um risco alto. Ninguém pode garantir um lucro de 5% ou 10% ao mês. A única coisa garantida em esquemas assim é que o organizador ficará com o seu dinheiro.
- **Foco Excessivo em Recrutamento:** Se a conversa se desvia rapidamente de "qual é o produto?" para "quantas pessoas você pode trazer?", você está diante de um esquema de pirâmide. Nesses modelos, o dinheiro dos novos membros é usado para pagar os mais antigos, criando uma ilusão de lucro. A estrutura é matematicamente insustentável e inevitavelmente desmorona, deixando a grande maioria no prejuízo.
- **Falta de Transparência e Regulamentação:** Pergunte: "Qual é o CNPJ da empresa? Ela é regulada pela CVM ou pelo Banco Central?". Um negócio legítimo terá respostas claras. Golpistas usarão termos vagos como "é um fundo de investimento internacional", "operamos em um mercado Forex não regulado" ou "nosso sistema é tão inovador que não precisa de registro". Isso é um eufemismo para "estamos operando fora da lei".
- **Pressão para Agir Imediatamente:** "Essa é uma oportunidade única!", "As vagas estão acabando!", "O preço vai subir amanhã!". Scammers criam um falso senso de urgência para impedir que você pesquise, pense e

consulte outras pessoas. Eles não querem que você use a lógica, apenas a emoção.

- **O "Método Secreto" ou o "Robô Infalível":** Muitos golpes são vendidos como um algoritmo secreto ou um robô de negociação que "nunca perde". Se tal ferramenta existisse, seu criador não a estaria vendendo por uma mensalidade barata na internet; ele estaria usando-a para se tornar a pessoa mais rica do mundo, em silêncio.

História de Sucesso: A Cautela de Ricardo Ricardo, um profissional de TI, foi convidado por um colega de trabalho para uma apresentação sobre um "clube de investimentos em criptoativos" que prometia 1% de lucro ao dia. O palestrante era carismático e mostrava gráficos de crescimento impressionantes. Mas Ricardo notou os sinais: a promessa de lucro garantido era absurda, e a maior parte da apresentação foi sobre os bônus que se ganhava ao recrutar novos membros. Ele se lembrou da regra de ouro e, apesar da pressão do colega, recusou educadamente. Oito meses depois, o "clube" desapareceu, e o colega de Ricardo perdeu os R$ 30.000 que havia investido. A cautela de Ricardo não lhe deu lucros explosivos, mas protegeu o dinheiro que ele levou anos para economizar.

Lembre-se: a construção de patrimônio é um projeto de vida. Não há atalhos. Desconfie de qualquer um que lhe prometa o céu. A verdadeira riqueza vem da consistência, não de milagres.

Principais Ideias

- **Escolha de Corretora:** Priorize segurança (regulamentação pela CVM e BC), taxa zero para serviços básicos, uma plataforma fácil de usar e bom atendimento ao cliente.
- **Declarar vs. Pagar IR:** Declarar é informar seu patrimônio e rendimentos anualmente. Pagar é entregar ao governo uma parte do seu *lucro* em situações específicas.

- **DARF e Isenções:** Vendas de ações de até R$ 20.000 no mês são isentas de imposto sobre o lucro. Vendas de FIIs não possuem isenção; qualquer lucro é tributado em 20% e exige pagamento via DARF.
- **Organização é Chave:** Mantenha uma planilha simples com suas operações e guarde todas as notas de corretagem. Isso transformará a declaração de IR de um pesadelo em uma tarefa simples.
- **Fuja de Golpes:** Desconfie de promessas de lucro alto, rápido e garantido. Se o foco for recrutar pessoas e faltar transparência, é muito provável que seja uma pirâmide financeira.

Conclusão 10: Sua Jornada Começa Agora

10.1 Recapitulação: Os 10 Mandamentos do Investidor Iniciante

Chegamos ao final deste caminho juntos, mas, na verdade, este é o seu verdadeiro começo. Você absorveu conceitos, desmistificou siglas e entendeu que o mundo dos investimentos não é um cassino para gênios, mas um campo fértil para quem tem disciplina e paciência. Para selar essa transformação e garantir que os princípios mais importantes fiquem gravados em sua mente, condensei toda a nossa jornada em 10 mandamentos. Eles serão sua bússola.

Os 10 Mandamentos do Investidor Iniciante:

1. **Pagar-se-á Primeiro:** Antes de pagar boletos, o aluguel ou o cafezinho, você separará uma parte do seu salário para seus investimentos. Automatize essa transferência. Trate seu futuro como a conta mais importante do mês, porque ela é.
2. **Construirá Sua Fortaleza:** Jamais avance para o campo de batalha sem seu escudo. A Reserva de Emergência é sua fortaleza contra os imprevistos da vida. Seis a doze meses de seu custo de vida em um local seguro e de fácil acesso não é negociável. É a base que permite que você invista com tranquilidade.
3. **Conhecerá a Si Mesmo:** Não existe o "melhor investimento" universal, existe o melhor investimento *para você*. Entenda seu perfil de risco, seus objetivos e seu horizonte de tempo. A carteira de um jovem de 25 anos que sonha com a aposentadoria será diferente da de alguém de 45 que planeja comprar uma casa em cinco anos. Seja honesto com suas emoções.
4. **Não Colocará Todos os Ovos na Mesma Cesta:** A diversificação é a única lei que oferece um almoço quase grátis nos investimentos. Ao distribuir seu dinheiro entre diferentes classes de ativos (Renda Fixa, Ações, FIIs), você dilui os riscos. Quando um setor vai mal, o outro pode segurar sua carteira.
5. **Pensará Como um Dono, Não Como um Apostador:** Ao comprar

uma ação, você não está comprando um código que pisca na tela; está se tornando sócio de uma empresa. Ao comprar um FII, está adquirindo um pedaço de imóveis reais. Pense a longo prazo. Empresas boas e imóveis bem localizados tendem a se valorizar com o tempo.

6. **Controlará Suas Emoções:** O maior inimigo do seu patrimônio não é a crise econômica, mas o pânico que ela gera em você. O mercado é um pêndulo que oscila entre a euforia e o desespero. Sua tarefa é se manter firme no centro, ignorando o ruído e focando na sua estratégia. Desligue o noticiário e siga o plano.
7. **Manterá Seus Custos Baixos:** Taxas de administração, corretagem e impostos são como pequenos vazamentos em um grande navio. Sozinhos, parecem insignificantes, mas com o tempo podem afundar sua rentabilidade. Dê preferência a produtos eficientes e com custos baixos, como ETFs e títulos do Tesouro Direto.
8. **Respeitará a Magia do Tempo:** Os juros compostos são a força mais poderosa do universo financeiro, mas eles precisam de um ingrediente essencial: tempo. Não busque atalhos. A riqueza sólida é construída com aportes constantes ao longo de décadas, não com uma tacada de sorte.
9. **Nunca Parará de Aprender:** Este livro é um mapa, não o território completo. O mercado muda, novos produtos surgem e você evolui. Continue estudando, lendo e conversando sobre dinheiro. A curiosidade é o adubo do seu crescimento financeiro.
10. **Começará Hoje:** Não amanhã, não na próxima segunda-feira, não quando "sobrar dinheiro". Hoje. O custo de esperar é muito maior do que você imagina. Comece pequeno, mas comece. O seu "eu" do futuro agradecerá imensamente pela coragem que você teve neste exato momento.

10.2 O Poder do Tempo: Projeções de 10, 20 e 30 Anos

Você já entendeu a teoria. Sabe o que são juros compostos. Mas visualizar o poder transformador do tempo é o que realmente muda o jogo. É o que transforma a disciplina de "obrigação" em "empolgação".

Vamos revisitar nossos personagens, Ana e Beto. Ambos começaram com 25 anos, ganhando o mesmo salário. Beto sempre achou que "a vida é curta demais para se preocupar com o futuro" e gastava tudo o que ganhava. Ana, por outro lado, decidiu seguir os mandamentos e começou a investir R$ 500 por mês.

Vejamos o que acontece com o dinheiro de Ana em três cenários de rentabilidade média anual, já descontando a inflação (ganho real):

- **Cenário Conservador (4% ao ano):** Típico de uma carteira focada em Renda Fixa.
- **Cenário Moderado (6% ao ano):** Uma carteira bem diversificada entre Renda Fixa e Variável.
- **Cenário Arrojado (8% ao ano):** Uma carteira com maior exposição a Ações e FIIs.

O Futuro de Ana:

Observe a mágica. Em 30 anos, no cenário moderado, Ana investiu R$ 180.000 do próprio bolso, mas acumulou mais de meio milhão de reais. O dinheiro que ela gerou (R$ 322.257) foi quase o dobro do que ela aportou. Isso é o exército de dinheiro trabalhando para ela, dia e noite.

Enquanto isso, Beto, aos 55 anos, tem zero patrimônio. Ele viveu bem o presente, mas agora encara uma aposentadoria incerta, dependendo inteiramente do governo ou da ajuda de familiares. A diferença entre eles não foi o salário, mas a decisão de começar.

Esses números não são uma promessa, mas uma projeção baseada em matemática. Seu resultado pode ser maior ou menor, mas o princípio é imutável: o tempo é o seu maior aliado. Cada real que você investe hoje é um soldado que lutará por sua liberdade amanhã. O poder de construir um futuro assim está, literalmente, em suas mãos.

10.3 Educação Continuada: Próximos Passos e Leituras

Parabéns! Concluir este livro coloca você à frente de 90% da população, que prefere ignorar o assunto "dinheiro". Você construiu uma fundação sólida de conhecimento, mas a verdadeira maestria vem com a prática e o aprendizado contínuo.

Sua jornada de educação financeira não termina aqui. Ela se transforma. Pense nisso como aprender a dirigir: você tirou sua carteira de motorista, mas a habilidade real se desenvolve na estrada.

Aqui estão alguns próximos passos práticos para manter seu motor aquecido:

- **Agende um Encontro com Você Mesmo:** Uma vez a cada seis meses, marque na sua agenda um "Café com as Finanças". Nesse dia, revise sua carteira, veja se seus objetivos mudaram e se sua alocação de ativos ainda faz sentido. Não é para ficar obcecado com cotações, mas para fazer uma manutenção estratégica.
- **Filtre o Ruído, Absorva o Sinal:** Cuidado com o excesso de informação. Notícias diárias sobre a bolsa são ruído; relatórios trimestrais de empresas e análises de fundamentos são sinal. Escolha poucas fontes de informação confiáveis e ignore o resto.
- **Leia Além do Óbvio:** Agora que você domina o básico, aprofunde-se em áreas que despertaram seu interesse.
- **Psicologia Financeira:** Livros como "Rápido e Devagar" de Daniel Kahneman ou "A Psicologia Financeira" de Morgan Housel ajudarão você a entender suas próprias emoções.
- **Biografias de Grandes Investidores:** Ler sobre a jornada de pessoas como Warren Buffett ou Benjamin Graham oferece lições valiosas sobre paciência e mentalidade.

- **Relatórios para Investidores:** Comece a ler os relatórios de resultados das empresas nas quais você investe. É a melhor forma de entender o negócio do qual você é sócio.
- **Cuidado com os "Gurus":** O mundo financeiro está cheio de pessoas prometendo a "fórmula mágica" ou o "próximo grande investimento". Lembre-se: se parece bom demais para ser verdade, provavelmente é. A riqueza sustentável é construída de forma lenta e consistente, não com dicas quentes.

O objetivo não é se tornar um especialista em finanças, a menos que você queira. O objetivo é se tornar o especialista *da sua própria vida financeira.*

10.4 Mensagem Final: A Liberdade é o Destino

Quando começamos este livro, o dinheiro talvez parecesse um problema, uma fonte de ansiedade ou um mistério complexo. Espero que, agora, você o veja de outra forma: como uma ferramenta. Uma ferramenta poderosa para construir a vida que você deseja.

Investir não é sobre acumular moedas em um cofre. É sobre comprar liberdade.

Liberdade de escolher o trabalho que você ama, não apenas o que paga as contas. Liberdade de não entrar em pânico se o carro quebrar ou se uma emergência médica surgir. Liberdade de proporcionar segurança e oportunidades para sua família. Liberdade de envelhecer com dignidade e paz, sem ser um fardo para ninguém.

Cada aporte que você faz, por menor que seja, é um voto de confiança no seu futuro. É um ato de amor-próprio. Lembre-se da metáfora da árvore: você acabou de plantar a semente. Haverá dias de sol e dias de tempestade. Sua tarefa é simples: continue regando com aportes constantes, protegendo-a do pânico e, acima de tudo, dando a ela tempo para crescer.

Você não precisa ser perfeito. Você cometerá erros. Mas agora você tem um mapa, uma bússola e a mentalidade correta. A jornada para a independência financeira não é uma corrida de 100 metros; é uma maratona.

O controle está em suas mãos. O poder de transformar seu futuro financeiro pertence a você.

Sua jornada começa agora.

Resumo do Capítulo

- **Os 10 Mandamentos:** Siga os princípios fundamentais—pague-se primeiro, construa sua reserva, conheça seu perfil, diversifique, pense a longo prazo, controle as emoções, minimize custos, respeite o tempo, continue aprendendo e, o mais importante, comece agora.
- **O Poder do Tempo:** As projeções mostram que aportes pequenos e consistentes, potencializados pelos juros compostos ao longo de décadas, podem gerar um patrimônio significativo, provando que o tempo é seu maior ativo.
- **Próximos Passos:** A educação financeira é um processo contínuo. Revise sua carteira periodicamente, filtre o ruído da mídia, aprofunde seus estudos em áreas de interesse e desconfie de promessas de enriquecimento rápido.

A Verdadeira Recompensa: O objetivo final de investir não é apenas o dinheiro, mas a liberdade, a segurança e a paz de espírito que ele pode proporcionar. Sua jornada rumo a essa liberdade começa com o primeiro passo que você dá hoje.

www.ingramcontent.com/pod-product-compliance
Lightning Source LLC
LaVergne TN
LVHW010023081026
849535LV00016B/3160
* 9 7 8 1 9 9 7 7 4 9 4 7 9 *